北京仲裁
BEIJING ARBITRATION QUARTERLY

BIAC
北京仲裁委员会
Beijing Arbitration Commission
北京国际仲裁中心
Beijing International Arbitration Center

第 127 辑（2024年第1辑） Vol. 127（2024, No. 1）

主　办：北京仲裁委员会／北京国际仲裁中心
协　办：中国国际私法学会

编委会
主　任：王利明
编　员：William Blair　陈　洁　黄　进
　　　　Michael Hwang　胡振杰　柳福华　李曙光
　　　　Michael J. Moser　Loukas Mistelis
　　　　师　虹　Thomas Stipanowich
　　　　王贵国　易继明　郑若骅

编辑部
主　编：姜丽丽
副主编：阮　娜
编　辑：鲁　洋　卢扬逊　徐　畅　张瑶佳

中国法制出版社
CHINA LEGAL PUBLISHING HOUSE

本书所刊载的文章只代表作者个人观点,不必然反映本书编辑部或其他机构、个人的观点,谨此声明!

目录

特载

001　中国金融衍生品争议解决年度观察（2024）
　　　　　　　　　　　　　　　　　　　/ 郑乃全

025　中国矿业争议解决年度观察（2024）
　　　　　　　　　　　　　/ 蒋　琪　沈　倩　王英民

专论

054　仲裁立法现代化改革——德国方案的启示
　　　　　　　　　　　　　　　　　　　/ 孙　珺

068　我国商事仲裁中仲裁庭调查取证的可行路径
　　　　　　　　　　　　　　　　　　　/ 王晓鑫

081　创新仲裁实践：生成式人工智能的应用探讨
　　　　　　　/ 刘俊颖　林　森　张小旺　路　彬　赵　蕾

096　由典型仲裁和诉讼案例探究预约合同和本约合同之判定标准
　　　　　　　　　　　　　　　　　　　/ 李桃蹊

Contents

Special Report

001   Annual Review on Financial Derivatives Dispute Resolution in China（2024）

/Zheng Naiquan

025   Annual Review on Mining Dispute Resolution in China（2024）

/Jiang Qi   Shen Qian   Wang Yingmin

Monograph

054   Modernizing Arbitration Legislation: Implications of the German Path

/Sun Jun

068   On the Feasibility of Investigation and Evidence Collection by Arbitration Tribunal in Chinese Commercial Arbitration Procedure

/Wang Xiaoxin

081   Innovative Arbitration Practices: Exploring the Application of Generative Artificial Intelligence

/Liu Junying   Lin Sen   Zhang Xiaowang   Lu Bin   Zhao Lei

096   Exploring the Determination Standard of Precontract and Contract through Typical Arbitration and Litigation Cases

/Li Taoxi

中国金融衍生品争议解决年度观察（2024）

郑乃全[*]

一、2023年度金融衍生品市场概况

（一）期货市场

2023年，国内期货市场累计成交量为8,501,315,582手（以单边计算，下同），累计成交额为5,685,096.72亿元，同比分别增长25.60%和6.28%。其中，上海期货交易所累计成交量为2,060,693,705手，累计成交额为1,513,012.21亿元，同比分别增长13.02%和7.11%，分别占全国市场的24.24%和26.61%；上海国际能源交易中心累计成交量为166,264,138手，累计成交额为359,131.26亿元，同比分别增长38.36%和下降10.32%，分别占全国市场的1.96%和6.32%；郑州商品交易所累计成交量为3,532,952,087手，累计成交额为1,284,087.19亿元，同比分别增长47.35%和32.58%，分别占全国市场的41.56%和22.59%；大连商品交易所累计成交量为2,508,333,822手，累计成交额为1,136,246.93亿元，同比分别增长10.25%和下降8.17%，分别占全国市场的29.51%和19.99%；中国金融期货交易所累计成交量为168,340,048手，累计成交额为1,331,698.71亿元，同比分别增长10.85%和0.10%，分别占全

---

[*] 郑乃全，北京中衍律师事务所主任、律师。非常感谢北京中衍律师事务所李亦丹律师、实习律师谭舒予、律师助理唐梓淳为本报告资料的收集和整理所提供的支持和帮助。

国市场的 1.98% 和 23.42%；广州期货交易所累计成交量为 64,731,782 手，累计成交额为 60,920.41 亿元，同比分别增长 33329.62% 和 38360.14%，分别占全国市场的 0.76% 和 1.07%。①

2023 年，期货市场共上市了 19 个期货、期权新品种，包括 7 个期货品种、12 个期权品种。其中，上海期货交易所上市了氧化铝期货、合成橡胶（丁二烯）期货和合成橡胶（丁二烯）期权；上海国际能源交易中心上市了集运指数（欧线）期货；郑州商品交易所上市了烧碱期货、烧碱期权、对二甲苯期货、对二甲苯期权、短纤期权、纯碱期权、锰硅期权、硅铁期权、尿素期权和苹果期权；大连商品交易所上市了乙二醇期权和苯乙烯期权；中国金融期货交易所上市了 30 年期国债期货；广州期货交易所上市了碳酸锂期货和碳酸锂期权。

2023 年，我国期货市场对外开放广度和深度不断拓展。品种业务供给方面，我国期货市场品种对外开放进入快车道。2023 年末，我国已有 24 个境内特定品种引入境外交易者，其中包括 15 个期货品种、9 个期权品种，46 个期货、期权品种面向合格境外投资者（QFII/RQFII）开放，集装箱运价指数期货实现了服务类品种开放的突破；境外交易者有效客户数较上年末增长 20.20%；境外交易者参与度不断提升，2023 年成交量较 2022 年增长 116.89%，2023 年末持仓量较 2022 年末增长 134.11%；已有 20 家期货公司设立境外子公司。2023 年，证监会依法核准摩根士丹利期货（中国）有限公司为外资全资控股期货公司。②

（二）衍生品市场③

2023 年，银行间本币衍生品市场共成交 31.9 万亿元，同比增长 49.8%。其中，利率互换名义本金总额 31.5 万亿元，同比增长 50.2%；标准债券远期成

---

① 《2023 年 12 月全国期货市场交易情况》，载中国期货业协会网站，http://www.cfachina.org/servicesupport/researchandpublishin/statisticalsdata/monthlytransactiondata/202401/t20240102_63316.html，最后访问日期：2024 年 1 月 29 日。

② 《期货市场稳步扩大对外开放 助力构建新发展格局》，载中国期货市场监控中心网站，http://www.cfmmc.com/main/a/20240125/42180.shtml，最后访问日期：2024 年 1 月 31 日。

③ 本报告所称的衍生品市场是指除期货交易以外的其他金融衍生品的交易市场。

交 3088 亿元，信用风险缓释凭证创设名义本金 347 亿元，信用违约互换名义本金 25 亿元。国债期货共成交 52.4 万亿元，同比增长 12.8%。互换利率有所下降，2023 年末，1 年期 FR007 互换利率收盘价（均值）为 1.99%，较 2022 年末下降 19 个基点；5 年期 FR007 互换利率收盘价（均值）为 2.32%，较 2022 年末下降 45 个基点。①

期货公司风险管理公司场外衍生品交易累计新增名义本金 31,817.38 亿元。其中期权合约累计新增名义本金 18,900.23 亿元，远期合约累计新增名义本金 3,224.40 亿元，互换合约累计新增名义本金 9,692.75 亿元。从标的资产类型来看，商品类衍生品交易累计新增名义本金 23,369.56 亿元，个股类衍生品交易累计新增名义本金 5,638.44 亿元，股指类衍生品交易累计新增名义本金 2,236.24 亿元，交易所基金衍生品交易累计新增名义本金 238.39 亿元，其他类（包括利率、外汇、公司债等）衍生品交易累计新增名义本金 334.75 亿元。②

二、法律法规和其他规范性文件进一步完善

（一）《衍生品交易监督管理办法（征求意见稿）》及二次征求意见稿

为贯彻落实《中华人民共和国期货和衍生品法》（以下简称《期货和衍生品法》），履行我国在二十国集团（G20）峰会达成的加强衍生品市场监管的承诺，促进衍生品市场健康发展，支持证券期货经营机构业务创新，满足市场各类主体的风险管理需求，以更好服务实体经济、防范和化解金融风险，证监会研究起草了《衍生品交易监督管理办法（征求意见稿）》（以下简称一稿），并于 2023 年 3 月 17 日向社会公开征求意见。一稿共八章，52 条，主要对衍生品交易与结算、禁止的交易行为、衍生品经营机构、交易者、衍生品交易场所、衍生品结算机构、衍生品交易报告库、衍生品行业协会等进行了规

---

① 《2023 年金融市场运行情况》，载中国人民银行网站，http://www.pbc.gov.cn/goutongjiaoliu/113456/113469/5221498/index.html，最后访问日期：2024 年 1 月 31 日。

② 《风险管理公司试点业务情况报告（2023 年第 12 期－总第 84 期）》，载中国期货业协会网站，http://www.cfachina.org/businessprocess/riskmanagementbusiness/statisticaldata/202401/t20240131_66700.html，最后访问日期：2024 年 4 月 18 日。

范。①2023年11月17日，证监会对一稿进行修改完善，形成了《衍生品交易监督管理办法（二次征求意见稿）》（以下简称二稿），对调整范围、基本原则、衍生品合约的开发程序、履约保障制度、交易者适当性标准、信用类衍生品特别规定、监督管理和法律责任以及新老划断安排进行了明确，加强跨市场监测监控，加强跨市场、境外衍生品交易、衍生品经营机构以及衍生品市场基础设施的监管。

二稿较一稿主要变化体现在以下六个方面：（1）衍生品投机交易行为。二稿将一稿中的"衍生品交易应当以服务实体经济为目的，以满足交易者风险管理需求为导向"修改为"鼓励衍生品交易发挥管理风险、配置资源、服务实体经济的功能"，更符合衍生品市场的运行机理；新增的"依法限制过度投机行为"，一方面设定了"依法"前提、避免限制的滥用，另一方面正向肯定了衍生品投机交易行为，符合了《期货和衍生品法》立法精神。（2）场外衍生品进场交易。二稿删除了"标准化程度高的衍生品交易在衍生品交易场所进行"的规定，不再强行规定标准化程度高的场外衍生品进场交易，从而将场外衍生品是否进场交易交由市场决定，避免了"标准化程度高"的定义困难，有利于通过市场逐渐形成适合场内交易的衍生品标准化程度的判断标准，减少监管对市场的不当干预。（3）履约保障制度。二稿将一稿规定的衍生品交易实行保证金制度修改为"衍生品交易应当以收取保证金等方式进行履约保障"，充分衔接《期货和衍生品法》第34条，以区别期货市场的保证金制度，有利于进一步建构我国衍生品市场的履约保障制度；同时，在原有法律规定的基础上，具体明确了以收取保证金的方式作为履约保障制度的一部分，既考虑了衍生品市场的通行做法，同时为其他履约保障方式预留空间；此外，将"国债"修改为"债券"，扩大了保证金形式的范围，有利于盘活金融资产，减少对企业资金的占用，更好地服务实体经济；最后，二稿进一步优化履约保障相关规定，将具体规则交由衍生品行业协会、衍生品交易

---

① 《关于〈衍生品交易监督管理办法（征求意见稿）〉的起草说明》，载中国证券监督管理委员会网站，http://www.csrc.gov.cn/csrc/c101981/c7326196/7326196/files/ 附件2：关于《衍生品交易监督管理办法（征求意见稿）》的起草说明.pdf，最后访问日期：2024年8月8日。

场所和衍生品结算机构制定。（4）自律管理。二稿进一步梳理和修改了有关衍生品市场基础设施以及衍生品行业协会的自律管理规定，删减了一稿中部分具体规定，在规章层面仅作原则性规定，强调衍生品市场基础设施和衍生品行业协会的自律管理职能，新增了"衍生品行业协会、衍生品交易场所、衍生品结算机构和衍生品交易报告库……可以按照自律规则要求衍生品经营机构和交易者提供与衍生品交易相关的信息和资料"的规定；此外，二稿删除了"中国证监会可以根据市场监管的需要，对衍生品交易实施持仓限额制度和大户持仓报告制度"以及"从事套期保值等风险管理活动的，可以按照规定申请持仓限额豁免"的规定，并明确由证券、期货交易场所制定规则进行跨市场的自律管理。（5）衍生品经营机构。二稿原则性规定了"衍生品经营机构应当勤勉尽责，诚实守信，审慎经营，制定并执行科学合理的风险管理、内部控制、合规管理、薪酬激励等制度，符合持续性经营规则"等内容；新增禁止衍生品经营机构泄漏交易者个人信息或者交易信息的行为，突出对交易者合法权益的保护。（6）跨境监管。二稿删除了"境外经营机构在境内从事衍生品交易业务，应当经中国证监会批准"的规定，删除了境外经营机构发生在境内的对冲交易所对应的境外衍生品交易的对手方要求，不再限于境外交易者，意味着允许境外经营机构对境内交易者提供衍生品交易服务；新增了在境外开展挂钩境内标的物的衍生品交易的监管要求；二稿关于跨境监管的修改，进一步落实了《期货和衍生品法》第2条的规定，将在境外的衍生品交易活动纳入监管，有利于维护我国市场秩序，保护境内交易者的合法权益。

（二）《期货公司监督管理办法（征求意见稿）》

为贯彻落实《期货和衍生品法》，证监会对《期货公司监督管理办法》进行修订后形成《期货公司监督管理办法（征求意见稿）》，并于2023年3月24日公开征求意见。征求意见稿共八章135条，总体上具体落实了《期货和衍生品法》的相关规定，就期货交易场所、期货结算机构、交易者等概念对现行的《期货公司监督管理办法》进行了全面修订并增加了法律规定的涉及交易者适当性、反洗钱、纠纷调解、客户查询权等内容。

具体而言，征求意见稿的修订主要在以下方面：一是新增实际控制人相关规定，实行对期货公司穿透式监管；针对实际控制人是法人、非法人组织或境外金融机构的情况，还设定了不同的补充适用条件，并从实际控制人的变更、报告、延伸检查、独立性、关联交易、融资担保等方面加强监督管理。二是新增期货公司股东分类管理相关规定，对持股比例合并计算的情况提出新要求。三是补充期货公司股权转让的相关要求，包括股权出让方不得在股权转让完成前以推荐股权受让方及其关联方相关人员担任期货公司董监高等方式干预经营；转让核准前，出让方不得以任何形式变相让渡表决权予受让方或其关联方；期货公司股东、实际控制人不得签署"对赌"协议或形成相关安排，期货公司及董监高不得予以配合并负有报告义务。四是新增期货公司分支机构合规管理规定，要求分支机构设置合规管理岗，如从业人员在十五人以上的，应当配备专职合规管理人员；加强对分支机构的合规检查和稽核审计；期货公司应按要求报送对分支机构的合规检查和稽核审计情况。五是新增期货公司自有资金的管理规定，要求建立健全自有资金投资管理制度、防火墙制度；允许期货公司按规定将自有资金投资金融资产；允许通过自有资金设立、收购子公司从事证监会认可的金融相关业务；禁止期货公司将自有资金直接或者间接投资于控股股东、第一大股东、实际控制人发行的以非标准化债权类资产为主要底层资产的资产管理计划或者私募投资基金，参股期货公司业务无关的机构，投资于合伙企业成为普通合伙人以及证监会规定的其他情形。六是修订期货公司业务许可相关规定，扩大期货公司业务许可范围，规定期货公司一经设立便具有境内期货经纪业务资格，可以从事商品、金融等期货经纪业务；除境内期货经纪业务外，新增了期货做市交易、期货保证金融资、期货自营等期货业务以及衍生品交易业务，并预留了其他业务空间；除了许可业务外，期货公司可以按照规定代销公募基金、私募基金等金融产品。[①]

（三）《期货交易所管理办法》

2023年3月29日，证监会发布修订后的《期货交易所管理办法》。本次修订旨在贯彻落实《期货和衍生品法》、反映市场发展和监管实际、更好地发挥办法作为期货交易所监督管理基础性法规的作用。

[①] 《简评〈期货公司监督管理办法（征求意见稿）〉》，载微信公众号"中衍律师事务所"2023年3月27日，https://mp.weixin.qq.com/s/NI9tfvKogqpEXQxvq7fN7Q。

办法主要围绕以下五个方面完成修订：一是坚持党对期货交易所的领导，在总则部分新增一条，明确期货交易所设立党组织，发挥领导作用；二是落实《期货和衍生品法》要求，健全和完善相关制度规定，增加关于期货品种上市制度相关规定，明确期货交易所对程序化交易的监管责任，建立健全程序化交易报告制度的要求，明确实际控制关系定义并强化管理，明确期货交易可以实行做市商制度并对期货交易所提出相应要求，规定期货交易所开展结算价授权业务等；三是优化期货交易所内部治理，完善组织架构和运行机制，明确期货交易所应当设立风险管理委员会和品种上市审核委员会等专业委员会设立要求，完善会员大会和理事会的职权、会议召开形式等规范期货交易所内设机构职权和运行的规定；四是强化期货交易所风险管理责任，维护市场安全，要求期货交易所建立和完善风险监测监控与化解处置机制等风险防控和处置规定，细化突发性事件情形并规定期货交易所采取经济措施化解风险应及时向证监会报告，要求期货交易所储备充足的风险准备资源以提升其作为金融基础设施的抗风险能力，进一步明确期货交易所制定的业务规则、有关决定的效力；五是压实期货交易所责任，促进期货市场健康发展，要求期货交易所建立健全制度机制、积极培育推动产业交易者参与期货市场，建立健全交易者适当性管理制度、财务管理制度等。[1]

（四）《期货从业人员管理办法（征求意见稿）》

为贯彻落实《期货和衍生品法》，证监会《期货从业人员管理办法》进行了修订，并于2023年4月14日向社会公开征求意见。本次修订优化期货从业人员管理方式，取消现行规定中关于从业资格管理的相关要求，并作出执业登记、变更和注销等衔接安排；完善期货从业人员执业规范，增加禁止行为规定，明确期货从业人员不得私下接受客户委托从事期货交易，不得直接或者以化名、借他人名义参与期货交易；期货公司的期货从业人员不得违规从事期货交易咨询、期货做市交易、期货保证金融资、期货自营、衍生品交易、

---

[1] 《〈期货交易所管理办法〉修订说明》，载中国证券监督管理委员会网站，http://www.csrc.gov.cn/csrc/c101953/c7399274/7399274/files/ 附件2:《期货交易所管理办法》修订说明.pdf，最后访问日期：2024年8月8日。

资产管理等业务；压实机构的管理责任，完善期货从业人员管理机制，新增专章规定机构的管理责任，明确机构对期货从业人员任职管理、职业培训、薪酬管理、行为管理、信息报送等方面的具体要求。①

（五）《关于推动外贸稳规模优结构的意见》

2023年4月11日，国务院办公厅印发《关于推动外贸稳规模优结构的意见》（以下简称《意见》）。《意见》鼓励金融机构创新完善外汇衍生品和跨境人民币业务，进一步扩大跨境贸易人民币结算规模，更好满足外贸企业汇率避险和跨境人民币结算需求。支持各地方加强政策宣介、优化公共服务，推动银企精准对接、企业充分享惠。②

（六）《内地与香港利率互换市场互联互通合作管理暂行办法》

2023年4月28日，为规范开展内地与香港利率互换市场互联互通合作相关业务，保护境内外投资者合法权益，维护利率互换市场秩序，中国人民银行发布了《内地与香港利率互换市场互联互通合作管理暂行办法》。

暂行办法规定了"互换通"的定义与"北向互换通"的投资范围，明确"北向互换通"初期可交易标的为利率互换产品，报价、交易及结算币种为人民币；设定了境内外投资者准入要求，"北向互换通"境外投资者应符合中国人民银行要求并完成银行间债券市场入市备案，境内投资者应签署互换通报价商协议；境内外电子交易平台和清算机构共同向境内外投资者提供交易清算服务，境内外清算机构通过建立特殊风险准备资源和相应违约处置安排控制溢出风险；明确了责任主体义务和职能，境内外投资者和相关金融市场基础设施应履行交易报告义务，有汇报责任的机构应进行跨境人民币收支信息报送和国际收支统计申报，相关基础设施应履行交易、清算监测职能；完善了汇兑管理安排，使用外汇参与"北向互换通"交易和清算的境外投资者，可在一家香港结算行开立人民币资金账户，用于办理资金汇兑和结算业务，相关资金兑

---

① 《《期货从业人员管理办法（征求意见稿）》修订说明》，载中国证券监督管理委员会网站，http://www.csrc.gov.cn/csrc/c101981/c7402440/7402440/files/附件2：《期货从业人员管理办法（征求意见稿）》修订说明.pdf，最后访问日期：2024年8月8日。

② 《国务院办公厅关于推动外贸稳规模优结构的意见》，载中华人民共和国中央人民政府网站，https://www.gov.cn/gongbao/2023/issue_10466/202305/content_6874700.html，最后访问日期：2024年8月8日。

换纳入人民币购售业务管理；制定了监管规则和行政处罚，中国人民银行依法对"北向互换通"进行监督管理，并与相关监管部门建立监管合作安排，防范违法违规活动，维护投资者合法权益，对违反法律法规、本办法和内地银行间债券市场、银行间外汇市场规定的，中国人民银行会同国家外汇管理部门依法采取监督管理措施或予以行政处罚。

（七）《期货市场持仓管理暂行规定》

《期货和衍生品法》规定，持仓限额、套期保值的管理办法由国务院期货监督管理机构制定。为落实法律要求，增强持仓管理的系统性和针对性，提升期货市场监管效能，证监会总结监管实践经验，结合当前期货市场发展现状和监管工作需要，于2023年7月31日公布了《期货市场持仓管理暂行规定》。

暂行规定共7章30条，主要内容包括，一是综合现行做法和监管需要，对持仓限额制定或调整的考虑因素提出原则性要求，具体制定、调整和评估持仓限额仍由期货交易所负责；丰富持仓限额设定方式，为品种限仓、期货与期权联合限仓等预留空间；规范交易行为，要求市场参与者不得采用不正当手段规避持仓限额。二是在对套期保值业务提出一般性要求的同时，尊重现行做法和一线监管实际，仍由期货交易所审批和调整套期保值持仓额度；此外，对套期保值额度的获取和使用进行一定规范，禁止交易者以欺诈等方式获取套保额度，不得滥用套期保值额度。三是对现行大户持仓报告制度相关安排进行明确，规定由期货交易所制定和调整报告标准、明确报告内容和程序，中介机构和交易者应当按要求报送信息，并在此基础上授权期货交易所可以要求交易者报送参与境外期货市场、场外衍生品市场和现货市场的情况，以更加全面掌握交易者信息，提升监管有效性。四是对当前日常监管中的持仓合并情形进行明确，要求期货交易所对同一交易者在多个会员处的同类型交易编码上的持仓、存在实际控制关系的多个账户的持仓进行合并计算，并对持仓合并豁免作出原则性规定，要求期货交易所结合持仓合并的具体情形建立相应的豁免制度。①

---

① 《〈期货市场持仓管理暂行规定〉起草说明》，载中国证券监督管理委员会网站，http://www.csrc.gov.cn/csrc/c101954/c7423054/7423054/files/ 附件2：《期货市场持仓管理暂行规定》起草说明.pdf，最后访问日期：2024年8月8日。

（八）《境外机构投资者境内证券期货投资资金管理规定（征求意见稿）》

为推进高水平对外开放，进一步深化合格境外机构投资者（QFII/RQFII）外汇管理改革，提升QFII/RQFII投资中国资本市场的便利化水平，逐步构建简明统一的证券投资在岸开放渠道资金管理规则，2023年11月10日，中国人民银行、国家外汇管理局对《境外机构投资者境内证券期货投资资金管理规定》进行修订并公开征求意见。

本次修订主要围绕以下几个方面进行完善，一是进一步简化登记手续，取消QFII/RQFII在国家外汇管理局办理资金登记的行政许可要求。二是进一步优化账户管理，不再区分用于证券交易或衍生品交易的人民币专用存款账户，合并二者收支范围。三是进一步简化汇兑管理，不再要求外币对应的人民币账户内本金及投资收益必须兑换为外币后汇出，可直接汇出人民币资金；以初次办理登记时提交的遵守税务相关法律法规的一次性承诺函，替代每次办理收益汇出业务时需提交的完税承诺函等相关材料。四是进一步便利外汇风险管理，除托管银行外，QFII/RQFII还可通过具有结售汇业务资格的境内其他金融机构、进入银行间外汇市场等更多途径办理即期结售汇和外汇衍生品交易。[①]

三、典型案例

【案例1】场外衍生品交易被强制平盘（提前终止）的损失金额可以按守约一方对冲交易的平盘费用和期得利益损失进行确定[②]

【基本案情】

某股份银行分行与某有限公司签订了《总协议书》，约定了利率掉期的释义、交易申请、保证金管理、款项扣划、强制平盘及违约责任等内容。签署《总协议书》当日，某有限公司向某股份银行分行出具了经签字盖章的《外汇

[①]《境外机构投资者境内证券期货投资资金管理规定（征求意见稿）起草说明》，载中国人民银行网站，http://www.pbc.gov.cn/tiaofasi/144941/144979/3941920/5130102/2023111016084885023.pdf，最后访问日期：2024年8月8日。

[②] 本案由北京仲裁委员会提供。

利率掉期业务申请书》《外汇利率掉期业务客户确认函》，列明了案涉交易的名义本金、期限、类型、客户收付息频率与适用利率、初始保证金额度等与案涉交易相关的基本信息以及每一笔计息起息日、计息到期日、利息支付日、利率重置日及利率确定日并确认其在案涉交易下"具有真实需求背景"，其与某股份银行分行进行的案涉外汇利率掉期交易的目的或目标为"利率避险"；某股份银行（某股份银行分行的总行）向某有限公司出具了《外汇利率掉期业务成交确认书》，确认了案涉外汇利率掉期业务的成交信息。此后，某股份银行分行与某有限公司分别按期进行了7笔利率掉期收付息交割。其间，某有限公司的浮动亏损达到了约定追加保证金的数值，某股份银行分行主张向某有限公司发出了追加保证金的通知，某有限公司一直未能追加。最后，因某有限公司的浮动亏损达到约定的强制平盘的保证金要求，某股份银行分行对已成交的交易进行了强制平盘，产生了平盘损失。因双方约定纠纷仲裁解决，某股份银行分行遂向约定的仲裁机构北京仲裁委员会申请仲裁，请求某有限公司支付交易损失及利息、律师费以及案件仲裁费用。

【争议焦点】

案涉交易强制平盘的损失金额认定。

【裁判观点】

仲裁庭认为，就案涉交易强制平盘的金额认定问题，可以在本案中将某股份银行分行与F银行的交易平盘费用金额（即平盘费用与期得利益损失）作为某股份银行分行在案涉交易项下的平盘损失金额看待。这样具有客观合理性。其中，就某股份银行分行计算的期得利益损失即F银行平盘费用之外的损失，原因在于F银行收取某股份银行付息利率与某有限公司付息利率不一致，某股份银行分行在按F银行收取某股份银行付息利率计算平盘成本费用外，加收了按F银行收取某股份银行付息利率与某有限公司付息利率分别计算的利息差额下合理产生的损失。仲裁庭认为，此等期得利益损失在金额计算上可以视为案涉交易的平盘费用之部分。最终，仲裁庭支持了某股份银行分行的全部仲裁请求。

【纠纷观察】

本案是场外衍生品交易纠纷案件中较为典型的一起仲裁解决的案件。实际案件审理中双方争议焦点涉及合同效力、客户适合度评估与风险揭示义务履行、案涉交易强制平盘的条件是否满足以及案涉交易强制平盘的损失是否真实合理等问题。其中，案涉交易强制平盘的损失金额认定是焦点中的重点，因此，特别选取了这个焦点问题予以介绍。由于场外衍生品交易是非标准化合约交易，交易合约具有定制化的特征，合约的估值往往是该类交易容易产生争议的地方。如同本案，双方并未就强制平盘时交易的公允价值如何确定作出明确的约定，案件申请人某股份银行分行按照计算方的地位对案涉交易强制平盘损失进行了计算，以针对案涉交易对应的对冲交易平盘费用以及案涉交易期得利益作为强制平盘损失的计算方法确定案涉交易强制平盘损失，仲裁庭认为该计算方法是合理的，支持了某股份银行分行的仲裁请求。尽管如此，还是建议交易双方事先在交易文件中对交易合约被提前终止时的估值计算方法尽可能进行详细的规定，一定程度上可以预防此类纠纷的发生。

【案例2】未经许可从事期货投资咨询服务的行为影响金融安全公共秩序，因此形成的合同关系应属无效

【基本案情】

2020年5月7日，某投资公司与江某签订《教育咨询协议》，约定某投资公司为江某提供宏观经济的数据分析、讲解宏观数据背后的逻辑、了解微观操作上的数据分析等服务，江某一次性支付教育咨询费5万元，并开设相关操作账户，保证账户金额不低于50万元。合同到期时，若账户收益低于20%，某投资公司退还教育咨询80%的费用；合同存续期内，若账户收益达到50%，江某需向某投资公司支付高于20%收益部分的10%作为教育咨询费。协议签订后，江某于2020年5月9日向某投资公司支付50,000元。某投资公司通过钉钉会议指引江某开设及操作期货账户，并通过微信群聊发布交易指令引导江某从事期货交易，但江某对于某投资公司提供的指令并非必须执行，具有一定的选择权。2020年5月11日，江某开设期货账户，并在自己的账户内进行交易，自2020年5月21日第一次入金，至2021年6月2日最后一笔交易，总入金金额973,309元，总出金金额890,558元，亏损额为82,751元，

其间，江某因投资期货获得收益向某投资公司支付追加的教育咨询费 55,472 元。江某遂向法院起诉，请求某投资公司退还教育咨询费 105,472 元，赔偿江某期货投资损失 82,751 元，并请求某投资公司法定代表人赵某对上述两项款项承担连带赔偿责任。

【争议焦点】

江某与某投资公司之间的《教育咨询协议》的性质、效力及投资损失的承担。

【裁判观点】

法院认为，本案中某投资公司无从事证券、期货投资咨询业务的资质，其向江某推荐期货交易平台、帮助江某申请开户、发布交易指令引导江某进行期货交易，属未经许可从事期货投资咨询服务的行为，因该行为影响了金融安全的公共秩序，故双方因此形成的合同关系应属无效，某投资公司应返还江某支付的 105,472 元。对于江某主张的期货投资损失，法院认为江某从事的投资期货交易系其个人自愿行为，尽管某投资公司提供了一定指引，但其仍然有自主选择权，在无其他证据证明某投资公司强迫其交易或进行非法交易的情况下，相关投资风险应由江某自行承担。[1]

【纠纷观察】

本案表明，法院在认定期货投资咨询行为时，并不拘泥于当事人合同所使用的名称，而是结合协议内容、履行行为等事实，进行实质性判断。法律适用上，法院认为某投资公司的行为构成了原国务院证券委员会发布的《证券、期货投资咨询管理暂行办法》所规定的期货投资咨询服务行为，违反了该暂行办法的相关规定。违反部门规章一般不导致行为无效，但法院基于最高人民法院于 2019 年 11 月 8 日发布的《全国法院民商事审判工作会议纪要》的精神，认为某投资公司的行为影响了金融安全的公共秩序，从而认定涉案合同无效。需要注意的是，2022 年 8 月 1 日起正式施行的《期货和衍生品法》已从法律层面将期货交易咨询业务明确规定为需经国务院期货监督管理机构许可开展的期货业务。此后，如发生同类案件，人民法院可以适用《期货和

---

[1] 北京市朝阳区人民法院（2022）京 0105 民初 42643 号民事判决书。

衍生品法》直接认定未经许可开展期货交易咨询业务行为无效。

【案例3】证券公司为期货公司提供中间介绍业务无适当性义务要求

【基本案情】

2008年4月1日，某证券公司经中国证券监督管理委员会核准，取得为某期货公司提供中间介绍业务的资格。2013年6月27日，某证券公司向地方证监局报备其某营业部拟为某期货公司提供中间介绍业务。2018年5月7日，杨某在该证券公司某营业部登录某期货开户云平台，在阅读并签署了《期货风险揭示书》《期货中间介绍业务委托关系揭示》后申请注册期货账户。开户过程中，杨某填写了《普通投资者风险承受能力问卷（适用于自然人投资者）》，签署了《期货交易风险说明书》《普通投资者适当性管理匹配意见告知与风险揭示确认书》《期货经纪合同》《数字证书用户责任书》《某期货有限公司银期转账业务使用协议》《手续费收取标准》等开户文件。杨某签署完前述开户文件后提交开户申请，并接受了开户回访。次日，杨某开户成功。自2018年5月11日起，杨某陆续转入资金4,318,000元，并陆续转出资金1,796,386.19元。杨某主张转入资金与转出资金差额为投资亏损，并向法院起诉，请求某期货公司、某证券公司、某证券公司某营业部赔偿杨某经济损失1,000,000元（因杨某无力承担诉讼费，特仅向法院主张100万元损失）。

【争议焦点】

某证券公司某营业部是否应当履行适当性义务；某期货公司是否履行了适当性义务。

【裁判观点】

法院认为，某证券公司作为从事中间介绍业务的机构，既不向杨某提供期货交易服务，亦不销售期货产品，所以其地位既不等同于金融服务提供者，亦有别于金融产品的销售者或者代销者。《证券期货投资者适当性管理办法》并未要求从事中间介绍业务的券商履行适当性义务。同时根据《证券公司为期货公司提供中间介绍业务试行办法》规定，从事中间介绍业务的券商的主要义务仅仅在于向客户明示其与期货公司的介绍业务委托关系，解释期货交易的方式、流程及风险，不得作获利保证、共担风险等承诺，不得虚假宣传、误导客户，对客户的开户资料和身份真实性等进行审查，向客户充分揭示期货交易风险，解释期货公司、客户、证券公司三者之间的权利义务关系等。本案中某证券公司某营业部已履行期货中间介绍业务中证券公司的相关义务。某期货公司已经建立风险评估及相应管理制度，在杨某申请开立期货账户时对其风险认知、风险偏好和风险承受能力进行了测试，并已经向其告知产品或服务的收益、交易成本和主要风险因素。综上分析，杨某关于某期货公司、某证券公司某营业部未履行适当性义务的主张，缺乏事实依据和法律依据，赔偿损失理据不足，不予以支持。[1]

【纠纷观察】

适当性义务是期货交易纠纷案件中最为常见的交易者主张赔偿期货交易损失的理由之一。特别是《全国法院民商事审判工作会议纪要》出台后，明确了在推介、销售高风险等级金融产品和提供高风险等级金融服务领域，适当性义务的履行是"卖者尽责"的主要内容，也是"买者自负"的前提和基础。《全国法院民商事审判工作会议纪要》中规定："在确定卖方机构适当性义务的内容时，应当以合同法、证券法、证券投资基金法、信托法等法律规定的基本原则和国务院发布的规范性文件作为主要依据。相关部门在部门规章、规范性文件中对高风险等级金融产品的推介、销售，以及为金融消费者参与高风险等级投资活动提供服务作出的监管规定，与法律和国务院发布的规范性文件的规定不相抵触的，可以参照适用。"本案中，关于为期货公司提供中间介绍业务的证券公司是否具有适当性义务的问题，法院以《证券期货投资者适当性管理办法》《证券公司为期货公司提供中间介绍业务试行办法》未规定券商承担适当性义务为由，认为提供中间介绍业务的证券公司无适当性义务。

此外，法院认为风险测试中投资者的信息由投资者自己提供，金融机构没有且事实上也不可能去履行逐项核实投资者信息真实性的义务，所以因投资者故意提供虚假信息产生的后果，应当由投资者自负。由于投资者故意提供大量虚假信息的事实成立并导致期货公司对其风险承受能力评估错误，进

---

[1] 广东省广州市中级人民法院（2023）粤01民初284号民事判决书。

而导致投资者接受的服务不适当,也不能因此要求期货公司承担相应责任。这一裁判观点正好与《期货和衍生品法》第50条的规定相符,要求交易者在参与期货交易和接受服务时应当按照期货经营机构明示的要求提供真实信息。交易者故意提供虚假信息应自行承担不利后果。该案例无疑对期货公司如何履行适当性义务提供了司法指导。

【案例4】认可与执行关于境内主体未经批准为境外金融衍生产品交易提供担保被判承担民事责任的判决不损害社会公共利益

【基本案情】

某公司系注册于香港地区法人,负责人高某为内地居民,常住地址为上海市。2014年台湾地区某银行与某公司签订ISDA主契约条款、程序条款,进行"卖出美元兑换离岸人民币目标可赎回汇率选择权产品"交易,双方应依约定条件进行比价交易,并依比价条件及结果互负给付差额的责任。案涉ISDA程序条款中约定,履行地约定为某银行位于台湾地区台北市信义区××路××号之营业所。高某签订保证书,同意就某公司与某银行进行的衍生性金融商品及结构型商品交易在本金500万美元为限额范围及其利息、延迟利息、违约金、损害赔偿及其他从属之负担,与某公司负连带清偿责任。上述ISDA主契约条款、程序条款的签订过程为,某银行工作人员前往上海与高某会面,向某公司及高某推介某银行境外授信及金融交易业务,并交付开户、授信文件、ISDA主协议条款、程序条款。高某代表某公司签署上述文件后由某银行工作人员带回台湾地区,再经某银行审核同意。

某公司与某银行于2014年1月17日、20日分别进行名义本金均为100万美元、杠杆名义本金均为200万美元的"卖出美元兑换离岸人民币目标可赎回汇率选择权产品"交易,根据比价结果,某公司应向某银行支付2,591,331.29美元。因某公司未履行前述付款义务,某银行在台湾地区台北市向"仲裁协会"申请仲裁,并取得某公司应支付2,591,331.29美元及利息的仲裁裁决。某银行又就此向台湾地区法院起诉请求高某承担保证责任,台湾地区台北地方法院判决高某应向某银行支付2,591,331.29美元及利息。高某向台湾地区高等法院提起上诉被驳回。2021 年 9 月 7 日，台湾地区高等法院出具《民事判决确定证明书》，确认上述判决已于 2021 年 8 月 30 日生效。判决生效后，高某未履行。因高某住所地以及财产所在地均为上海市，某银行故依据《最高人民法院关于认可和执行台湾地区法院民事判决的规定》第 4 条、《最高人民法院关于上海金融法院案件管辖的规定》第 1 条，向上海金融法院提出认可和执行台湾地区台北地方法院 2018 年度重诉字第 320 号民事判决、台湾地区高等法院 2020 年度重上字第 424 号民事判决。

【争议焦点】

认可和执行案涉台湾地区法院判决是否损害社会公共利益。

【裁判观点】

关于某银行是否在大陆开展非法金融衍生产品业务的问题，法院认为，首先从案涉金融衍生产品的交易主体分析，与某银行签订 ISDA 主契约条款等，进行"卖出美元兑换离岸人民币目标可赎回汇率选择权商品"交易的对象是香港法人某公司，高某仅系该公司的法定代表人，该金融衍生产品的交易主体均为境外主体。其次，从案涉 ISDA 主契约等的签订过程分析，因代表主债务人的高某身处大陆，故某银行工作人员前往上海向其推介某银行之境外授信及金融交易业务，高某签署案涉主契约、程序性条款后，由某银行工作人员带回台湾地区，经某银行同意后，主契约方成立，故案涉 ISDA 主契约等最终成立亦不在大陆地区。高某仅以其代表某公司签字时身处上海市即认为案涉 ISDA 主契约等在上海签订成立，无事实和法律依据。最后，从案涉 ISDA 协议的履行地分析，ISDA 程序性条款约定了履行地为台北市信义区××路××号之主营业地，高某称某公司仅为交易壳公司，未参与签署交易行为，主协议项下交易行为均在台湾地区和中国大陆进行，不符合双方之间的约定，高某并未提供证据加以证明，法院不予支持。综上，某银行与某公司之间的金融衍生产品交易的相关业务参与主体、协议成立地、履行地等均不在大陆地区，无证据证明案涉金融衍生产品业务系某银行在大陆地区从事非法衍生产品业务。故对高某辩称某银行在大陆地区从事非法衍生产品业务，进而得出认可和执行本案将会损害我国公共利益结论的主张，法院不予支持。

关于本案涉及的担保交易模式是否损害社会公共利益，法院认为，拒绝认可和执行之"社会公共利益"条件应做严格解释，通常仅包括认可和执行判决的结果直接违反内地公共利益之情形。即便本案涉及的是高某为其所实际控制的某公司所担保的事宜，高某的担保行为仅为个案，系平等主体之间民事法律关系，台湾地区法院就本案所涉纠纷作出的裁判效力限于双方当事人之间，对其效力的认可和执行并不会涉及大陆全体社会成员或者社会不特定多数人的利益。因此，高某主张案涉担保交易模式损害社会公共利益的主张，法院不予支持。①

【纠纷观察】

本案一方面提供了法院关于境外金融机构"境内"展业的判断标准，从参与主体、协议成立地以及履行地三要素进行综合认定，对于今后法律适用具有重要指导意义；另一方面很好诠释了法院在认可和执行境外民事判决中所涉"社会公共利益"的理解和适用，强调对违反社会公共利益的认定采取严格解释态度，通常仅包括认可和执行判决的结果直接违反内地（大陆）公共利益之情形，即对民事判决的认可和执行不会涉及内地（大陆）全体社会成员或者社会不特定多数人的利益，该裁判标准将更有利于我国对境外民事判决的认可和执行，并能因此推动境外司法机关对我国法院作出的民事判决予以认可和执行。

【案例5】大宗商品现货点价交易支付暂定货款后可按点价价格进行最终结算

【基本案情】

2022年10月18日，原告某贸易公司与被告某实业公司签订《钢材产品购销合同》，约定某实业公司向某贸易公司购买热压卷板2,000吨，暂定含税总金额7,680,000元，某实业公司应于2022年10月21日前向某贸易公司支付暂定含税总金额的15%计1,152,000元作为履约保证金，余款应于货到仓库且收到某贸易公司通知后2个工作日内付清。某实业公司应在某贸易公司收到履约保证金后于2022年11月18日下午3点前以上海期货交易所【HC2301】的盘面确认的价格为点价价格进行点价，结算价格 = 点价价格 + 160。2022

---

① 上海金融法院（2021）沪74认台1号区际司法协助裁定书。

年11月15日，双方签订《补充协议》，将某实业公司应完成点价的时间修改为2022年12月18日下午3点前。双方又分别于2022年11月21日、2022年11月24日各签订一份《钢材产品购销合同》，约定某实业公司向某贸易公司购买热压卷板分别为1,448.72吨及496.61吨，暂定含税总金额分别为5,526,866.80元及1,902,016.30元。某实业公司应在某贸易公司收到货款后于2022年12月20日下午3点前以上海期货交易所【HC2301】的盘面确认的价格为点价价格对两批热压卷板进行点价，结算价格分别为点价价格+60及点价价格+50，双方须于结算价确认后7日内结算，货款多退少补。上述三份合同均约定，若某实业公司未在点价最迟期限内完成全部货物的点价的，则未点价部分以点价期限内最后一个交易日的上海期货交易所【HC2301】合约收盘价作为点价价格；若某实业公司逾期支付货款，每逾期一日，应按照逾期付款金额的1%向某贸易公司支付违约金；若逾期超过3日的，某贸易公司有权解除合同并要求某实业公司支付合同总金额的20%作为违约金，损失金额超过违约金的，某实业公司应承担超出的部分。

合同签订后，某贸易公司按约交付了货物，某实业公司已分别支付货款7,966,284.80元、5,526,866.80元、1,902,016.30元，合计15,395,167.90元。因某实业公司未在双方约定的2022年12月20日点价最迟期限内完成点价，某贸易公司将未点价合同的货物吨数按照最晚点价日期（12月20日）进行结算，并通知某实业公司按照结算结果需补款1,046,286.20元。因某实业公司未付款，某贸易公司遂向法院起诉，请求某实业公司支付货款1,046,286.20元、相应利息损失及逾期付款违约金。

【争议焦点】

点价期限约定不明，先款后货的点价交易是否要按点价价格进行结算。

【裁判观点】

法院认为，本案系买卖合同纠纷。某贸易公司、某实业公司之间签订的《钢材产品购销合同》及《补充协议》系当事人的真实意思表示，内容不违反法律、行政法规的强制性规定，合法有效，当事人应按约履行。某实业公司未在点价最迟期限内完成点价，按照合同约定应以点价期限内最后一个交易日的上海期货交易所【HC2301】合约收盘价作为点价价格。经计算，三份合同项下结算金额合计 16,441,454.10 元，被告已支付货款 15,395,167.90 元，对尚欠付的 1,046,286.20 元货款，某贸易公司有权要求某实业公司支付。①

【纠纷观察】

本案是一起关于大宗商品现货点价交易模式的案例。点价交易中，现货成交的最终价格是由一方点价确定的商品期货价格和双方协商同意的升贴水构成。本案中，部分合同虽在签署时暂定了合同货款金额以及先款后货的履约顺序，但并不排除当事人关于采用点价的方式确定最终成交价格并进行结算的约定。我们可以理解为一方所支付的货款为合同的预付货款，合同的实际货款待点价后予以确定，并根据最终成交价格进行货款结算。本案法院充分尊重当事人之间关于点价交易模式的安排，并依据合同约定的成交价格确定方式，在一方当事人逾期未点价时，支持另一方按照合同约定确定点价价格并以该价格对货款作最终结算，为大宗商品现货点价交易模式提供了司法保障。

四、热点问题观察

（一）上海金融法院金融市场案例测试机制

2023 年 2 月 22 日，上海金融法院作出了金融市场案例测试机制（2022）沪 74 测试 1 号司法意见书，该案是上海金融法院金融市场案例测试机制试行后审结的首例案件。

2022 年 7 月 5 日，为解决金融市场亟待明晰的重要、典型法律问题，满足金融改革创新对明确规则指引和法律风险压力测试的需求，防范金融风险，促进诉源治理，服务保障上海国际金融中心建设，上海金融法院发布了《关于金融市场案例测试机制的规定（试行）》。根据该规定，金融市场案例测试机制是指金融机构、交易相对方等主体针对准备开展或正在开展的金融业务中具有前沿性、亟待法律明确且对金融市场具有重大影响的典型事实与法律问题而可能引发的纠纷，向上海金融法院申请进行案例测试，上海金融法院通过审理，向金融市场提供明确规则指引。案例测试机制不属于民事诉讼程

---

① 浙江省嘉兴市南湖区人民法院（2023）浙 0402 民初 2604 号民事判决书。

序，而是参照适用相关民事诉讼制度与原理所创设的一种程序构造与创新举措，旨在实现为市场主体提供稳定规则预期、切实防范法律风险、促进诉源治理三项功能。

2022年10月12日，上海清算所与四家商业银行共同作为启动申请人，以上海清算所违约处置机制的合法性、合理性为测试事项，向上海金融法院提交《启动申请书》。2022年10月13日，上海金融法院作出《受理决定书》，金融市场案例测试机制首案正式启动。金融市场案例测试机制首案聚焦金融衍生品领域，凸显了衍生品交易中央对手方在系统性风险管理中的重要性，通过对衍生品交易中央对手方违约处置机制合理性、合法性的潜在法律争议进行事前"法律风险压力测试"，为相关市场参与者提供了明确的规则预期，有助于降低司法成本、提高市场效率并防范金融系统性风险。

金融市场案例测试机制作为一项金融司法创新，也是契合金融市场监管沙盒治理的回应性司法新尝试，通过制度性创新助推我国金融市场的创新发展和对外开放。

（二）中国银行间市场信用风险缓释工具信用事项决定机制

2023年2月23日，中国银行间市场交易商协会公开发布了《中国银行间市场信用风险缓释工具交易信用事项决定规程》，建立信用风险缓释工具信用事项决定机制，适用于信用违约互换（CDS）、信用风险缓释合约（CRMA）、信用风险缓释凭证（CRMW）、信用联结票据（CLN）以及以相关指数为基础的产品的交易。该机制所决定的信用事项是指信用风险缓释工具相关交易中涉及的信用事件、拍卖结算、承继事件、替代参考债务以及根据《中国场外信用衍生产品交易基本术语与适用规则》等其他文件需决议的事项。

信用衍生品属于事件驱动型衍生品，交易双方可能会由于信息不对称以及风险承受能力不同，对信用事件、承继事件等发生与否以及发生时间存在分歧，从而影响结算和对冲效果。信用事项决定机制是在仲裁、诉讼等争议解决渠道之外，依托自律组织搭建由市场机构组成的决定委员会，负责对信用衍生产品交易中交易双方关于信用事件、承继事件等发生与否以及发生时间存在的分歧进行集体讨论、统一判断的市场化安排。信用事项决定机制信用不仅可作为交易双方产生争议的解决机制，也可根据双边约定作为固定流程环节。①

信用事项决定机制是我国金融衍生品市场交易争议解决的一种创新性制度,有利于交易双方快速地解决争议,避免引发系统性金融风险。但相比诉讼、仲裁,该机制所作出的决议并无法律上的强制执行力。如当事人对基于机制产生的结果不服时,有权将有关争议提交于法院或仲裁庭进行解决。尽管如此,由于交易双方对于通过信用事项决定机制解决争议已达成合意,自当遵守基于决定机制所作出的决定,除非有违反信用事项决定规程,法院或仲裁庭应支持决定机制所产生的结果。

(三)关于伦敦金属交易所取消镍合约交易的合法性认定

2022年3月初,伦敦金属交易所(London Metal Exchange,LME)上市交易的3个月期镍合约(以下简称镍合约)出现多次价格大幅上涨的情形。3月8日上午,镍合约出现极端市场行情,LME向市场发布了22/052号通知,自伦敦时间2022年3月8日上午8时15分起暂停镍交易。3月8日中午12时5分,LME向市场发布了22/053号通知,取消3月8日的所有交易,总价值约120亿美元。2022年6月,Elliott Associates,L.P.和Elliott International,L.P.(Elliott)以及Jane Street Global Trading将LME和LME Clear Limited(LME Clear)起诉至英国高等法院,要求赔偿约4.7亿美元,理由是LME作出的取消2022年3月8日英国时间00:00或之后执行成交的镍合约交易的决定违法,也不符合LME规则。2023年11月29日,英国高等法院作出判决,LME和LME Clear获全面胜诉。目前,Elliott已获准就该判决向英国上诉法院提起上诉。

英国高等法院认为,LME有权依据其交易规则第22条直接享有取消交易的权力,未越权。对于市场是否"有序",法院认为,在缺乏明确的定义的情形下,应当基于价格合理性进行判断,通过与现货价格关联度判断市场"有序"是否具有合理性,同时认可交易所工作人员基于市场工作经验作出专业判断的能力。对于取消交易的决定是否合理以及是否满足程序要求,法院认为取

---

① 《〈中国银行间市场信用风险缓释工具交易信用事项决定规程〉业务问答》,载中国银行间交易商协会网站,https://www.nafmii.org.cn/cpxl/xyfxhsgjcrm/xysxjdjz/ywzd/202302/t20230224_312860.html,最后访问日期:2024年4月1日。

消交易措施具有合理性，肯定交易所和清算所的专业性，认为应给予交易所一定的自由裁量权。

我国现行《期货和衍生品法》第 89 条第 2 款明确规定期货交易场所可以按照业务规则采取取消交易的措施。本案判决全面还原了在 LME 镍合约市场极端行情下，LME 和 LME Clear 作出决策的整个过程，以及因取消交易遭受损失的市场参与者的质疑，为我国交易所进一步规范市场异常处置措施提供了参考。一是完善规则，为交易所采取各项措施提供明确依据；二是明确标准，将期货合约价格与基础商品价值之间的合理关系作为市场"有序"与否的关键指标；三是平衡利弊，在市场可能出现大面积违约风险时，可以考虑采取取消交易措施；四是有序处置，交易所应当按照规定程序、秉持专业性作出决策。①

五、结语与展望

2023 年是我国《期货和衍生品法》颁布和施行的第二年，相关的部门规章、规范性文件及行业自律性规则已完成相应的修订工作，也有部分配套新规的出台，还有一些重要的监管规定已有征求意见稿并向市场公开征求意见，其中《期货公司监督管理办法（征求意见稿）》《衍生品交易监督管理办法（征求意见稿）》《期货从业人员管理办法（征求意见稿）》将有望在 2024 年出台。由于《期货和衍生品法》主要对期货市场进行了具体规定，衍生品交易市场的规范仅有原则性的规定，还有待国务院出台对衍生品交易及其活动进行规范和监督管理的具体办法，以更好地调整和规范衍生品市场，促进我国衍生品市场更好地服务实体经济的发展。

2023 年，通过中国裁判文书网检索到期货和衍生品纠纷诉讼案件共计 276 件，其中非法期货交易有关案件 227 件，委托期货投资/操盘有关案件 30 件，期货公司有关案件 11 件，期货交易咨询有关案件 2 件，衍生品交易有关

---

① 《论 LME 取消交易案对国内期货市场的启示》，载期货日报网，http://www.qhrb.com.cn/articles/321354，最后访问日期：2024 年 4 月 1 日。

案件6件。① 目前，尚无法就我国仲裁机构受理的期货和衍生品纠纷案件进行统计。由于证券期货市场和银行间市场所提供的衍生品交易主协议通用条款中已规定仲裁作为争议解决方式，即使交易双方可以通过补充协议重新约定争议解决方式，但从实践上看大多数机构还是选择仲裁，只不过对于仲裁机构的约定会有所不同。这刚好也与检索到的衍生品交易纠纷诉讼案件多集中在管辖权异议以及承认与执行仲裁裁决的情况相吻合。上海金融法院金融市场案例测试机制与中国银行间市场信用风险缓释工具信用事项决定机制的推出为期货和衍生品交易及相关活动纠纷解决方式拓宽了思路，为期货和衍生品市场创新发展提供了制度支持。

展望2024年，《期货和衍生品法》配套的重要制度将进一步出台落地，期货和衍生品市场法治化、国际化程度将不断提高，金融监管加强，期货和衍生品市场内幕交易、市场操纵、欺诈等违法违规行为将被重点打击，切实保护交易者的合法权益。期货和衍生品市场服务实体经济的功能将得以充分发挥。

---

① 该结果是通过设定2023年1月1日至2023年12月31日为检索期间并选定期货、衍生品、期货交易、衍生品交易、场外衍生品、掉期、互换、期权、远期、金融衍生、衍生产品、各期货交易所名称、各期货公司风险管理子公司名称作为检索关键词检索生成。

中国矿业争议解决年度观察（2024）

蒋琪[*] 沈倩[**] 王英民[***]

一、概述

随着2023年全球经济动荡，地区冲突频发，海外矿业投资的风险大幅度提升，同时，和新能源产业相关的"关键矿产"越来越受到重视，成为我国矿产企业对外投资的新蓝海。与此同时，地区保护主义的抬头使得境外企业与投资东道国政府之间的关系越发紧张，为中国的矿业争议解决领域带来了新的机遇和挑战。

（一）政府介入关键矿产市场

2023年矿业市场无可避免地将"关键矿产"推上了竞争的高峰。"关键矿产"是指一类对国家经济或安全至关重要且其供应链容易受到影响的非燃料矿物或矿物材料，例如钨、铝、锑、砷、重晶石等。"关键矿产"对于稀土矿的依赖性巨大，而中国在关键矿产领域具有明显的主导地位，比如目前世界上80%以上的钨工业消耗都来自中国，中国供应着全球大约90%的稀土。为了摆脱对中国钨、稀土等矿产资源的依赖，以美国为首的七个国家（加拿大、

---

[*] 蒋琪，北京浩天律师事务所全国董事局主席、高级合伙人。
[**] 沈倩，北京浩天律师事务所高级合伙人。
[***] 王英民，北京浩天律师事务所高级顾问。

澳大利亚、法国、德国、日本和英国）宣布成立了一个"可持续关键矿产联盟"，对生产和购买"关键矿产材料"制定更高的环境和劳工标准。[①] 由此可见，中国本土矿业产品的境外销售以及中国投资海外矿产的生产和销售都将面临更加高的标准和更加严峻的环境。

关键矿产市场上出现了一个重要的新角色：政府。资源国政府开始保障铜、锂和其他关键矿产资源供应，行业竞争格局随之改变，例如下文提及的墨西哥政府收回赣锋锂业的锂矿特许权一案，展示了中国企业投资海外矿产时与东道国政府的冲突。此外，2023年4月智利宣布拟将其锂产业国有化。鉴于智利是世界第二大锂生产国，锂储量居全球之首，拟定的干预措施可能会影响全球的锂供应。智利还规定，所有私营锂矿企业都必须与政府合作，否则不得开采锂矿。

在某些关键矿产资源紧张的国家，为了确保供应，政府纷纷插手关键矿产的生产和供应，对于传统能源体系中所必需的材料，许多国家已经提出了战略储备的概念，例如美国的战略石油储备和铀储备。考虑到未来对关键矿产的潜在需求，各国政府亦可能寻求建立关键矿产战略储备。

这一重大转变需要矿业企业的积极回应。在看到需求的快速增长及供应链集中的潜在风险后，政府制定了新的政策，并调动资金以确保获得关键矿产。这些举措将改变采矿业，例如，公共资金的流入意味着矿业企业必须重新考量他们在采矿或供应链资产的预期回报率。由于政府通过激励和干预措施改变了竞争环境，矿业企业还将面对更高的投资风险和更多的竞争。[②]

（二）我国矿企境内外纠纷

国内频发的探矿权与采矿权相关纠纷也使得国内矿业的产权流转变风险增高，矿业产业投资成本巨大的行业状况，要求国家对其进行更好的管理和规范。

根据商务部2022年发布的《2022年度中国对外直接投资统计公报》，2022年，中国企业对外投资并购涉及采矿业、制造业、科学研究和技术服务业等17个行

[①] 《为摆脱对中国钨稀土等矿产依赖，美英等七国组矿业联盟》，https://m.sohu.com/a/620413416_100176237，最后访问日期：2024年3月20日。

[②] 普华永道《2023年全球矿业报告第20期》。

业大类。从并购金额上看，采矿业54.3亿美元，居首位，涉及20个项目。

在全球40大矿企中，有9家中国企业上榜，其中或多或少都陷入了海外的纠纷，例如紫金矿业集团股份有限公司在全球不同的矿区与政府和当地居民发生了冲突导致产业动荡。同时，中国作为世界级矿产资源国，我国政府的动向也广受境外投资者的关注。

二、最新矿业法律法规与政策

（一）《矿产资源法》修订进程

2020年2月至2023年12月，《矿产资源法（修订草案）》完成了初稿到首次审议的进程。矿产资源法制定于1986年，1996年、2009年修改过部分条款。这部法律施行30多年来，对于促进矿业发展，加强矿产资源勘查、开发利用和保护工作发挥了积极作用。①

本次修订草案共八章七十六条，对现行矿产资源法从以下几方面做了较为全面的修订：加强矿产资源国内勘探开发和增储上产；加强矿产资源勘查开采管理；健全矿区生态修复制度；并针对建立矿产资源储备和应急制度，强化监督管理，完善法律责任，落实平等保护产权、平等参与市场竞争等方面作出规定与调整。②

（二）《最高人民法院关于审理矿业权纠纷案件适用法律若干问题的解释》（以下简称《司法解释》）

矿业权出让管理制度是矿产资源有偿使用制度的重要组成部分，是维护国家矿产资源所有权益的重要手段。为了适应矿业权市场发展需求，保障矿产资源合理开发利用，《司法解释》在多年审判实践的基础上，对矿业权出让合同的效力、矿业权的取得、矿业权出让合同的解除等内容都作了全面、明确、细致的规定，对进一步理顺矿产资源国家所有权主体与矿业权主体之间的权

---

① 《矿产资源法修订草案首次审议：全方位夯实国家矿产资源安全制度根基》，载人民网，http://society.people.com.cn/n1/2023/1226/c1008-40146473.html，最后访问日期：2024年8月8日。

② 《矿产资源法修订草案首次审议：全方位夯实国家矿产资源安全制度根基》，载人民网，http://society.people.com.cn/n1/2023/1226/c1008-40146473.html，最后访问日期：2024年8月8日。

利义务关系,维护各方的合法权益,保障交易安全,都具有重要意义。

1. 明确了矿业权受公法和私法共同规范的双重法律属性

在现行法律框架内,矿业权本身是财产权、用益物权,同时亦具有行政许可特性,兼具公权和私权双重属性,受公法和私法共同规范。[1] 相比较一般民事物权,矿业权具有一定的特殊性。

第一,矿业权作为一种财产权,可转让性系其本质特征之一。鉴于矿业权的物权属性,司法实践中可以适当分离矿业权的财产属性和行政许可属性,消除阻碍矿业权流转的不合理因素,依法保护矿业权流转,维护市场秩序和交易安全。[2]

第二,矿产资源具有稀缺性、耗竭性、不可再生性等特征,[3] 司法部门、行政审批部门及矿产权人应保障矿产资源合理开发利用。

第三,矿产资源的勘查、开采,具有较强的负外部性。[4] 因此,公权力的介入,凸显资源节约与生态环境保护的必要性和现实紧迫性。

2. 强化了国土资源主管部门在矿业权出让合同中的权利和义务

矿业权出让是县级以上人民政府国土资源主管部门作为出让人,以合同的形式将探矿权、采矿权让予受让人,因此在矿业权出让管理中,国土资源主管部门既是管理者,又是出让合同的一方当事人。《司法解释》既能够起到监督行政机关依法行政的作用,也能够对保护自然人、法人和非法人组织的

---

[1]《依法规范矿业权管理 加强生态环境保护——最高法发布关于审理矿业权纠纷案件司法解释》,载人民法院网,https://www.chinacourt.org/article/detail/2017/07/id/2937619.shtml,最后访问日期:2024年8月8日。

[2]《依法规范矿业权管理 加强生态环境保护——最高法发布关于审理矿业权纠纷案件司法解释》,载人民法院网,https://www.chinacourt.org/article/detail/2017/07/id/2937619.shtml,最后访问日期:2024年8月8日。

[3]《适应矿业权市场发展需求 保障矿产资源合理开发利用——最高人民法院环境资源审判庭负责人就〈最高人民法院关于审理矿业权纠纷案件适用法律若干问题的解释〉答记者问》,载人民法院网,https://www.chinacourt.org/article/detail/2017/07/id/2937675.shtml,最后访问日期:2024年8月8日。

[4]《依法规范矿业权管理 加强生态环境保护——最高法发布关于审理矿业权纠纷案件司法解释》,载人民法院网,https://www.chinacourt.org/article/detail/2017/07/id/2937619.shtml,最后访问日期:2024年8月8日。

合法产权利益作出指导。

3. 规定了矿业权转让合同的效力、强制履行、合同解除及违约责任承担

未经国土资源主管部门批准，当事人不能凭转让合同办理矿业权变更登记，但并不意味着转让合同不具有任何法律效力，更不应认定合同无效。根据《司法解释》第6条规定，已经依法成立的矿业权转让合同，对当事人具有法律约束力。

矿业权转让合同自依法成立之日起具有法律约束力，根据《司法解释》第7条规定，当事人应当遵照"有约必守"的原则，依约履行自己的义务；非依法律规定或当事人约定，不得擅自变更或者解除合同。当事人一方请求另一方履行报批或者协助报批义务，人民法院原则上应予支持。并且，《司法解释》第8条指出，转让人无正当理由拒不履行报批义务的，受让人有权解除转让合同并要求转让人承担违约责任。

矿业权转让申请虽报请国土资源主管部门审批，但未获准许的，矿业权转让合同丧失完全生效的可能，亦无继续履行必要。当事人有权解除合同，因该合同取得的财产，应当予以返还，过错方应赔偿无过错方的损失。《司法解释》第10条对此作了规定。

4. 肯定了矿业权的融资功能

矿产资源属于不动产范畴，矿业权适用不动产法律法规的调整原则，基于《民法典》第215条关于债权合同与不动产物权变动相区分的规定，矿业权抵押合同应自成立时生效。《司法解释》第14条肯定了矿业权带有融资功能的属性。

《民法典》第209条规定了不动产物权登记设立的基本原则，矿业权抵押权作为不动产物权，其设立应自登记时发生效力。虽然未将其纳入不动产物权统一登记范围，但在实践中，国土资源主管部门根据相关规定为抵押当事人办理的抵押备案，就其所具备的权利公示、公信效果而言，与不动产登记并无实质区别，《司法解释》第15条规定了将国土资源主管部门办理的抵押备案视为登记，作为矿业权抵押权法定登记机构确定前的过渡措施。

《司法解释》第16条、第17条对涉及矿业权的转让、矿业权抵押权的物上代位性两方面分别作了规定。

5. 强调了特别区域内矿业权合同效力的司法审查

矿产资源兼具财产属性和生态属性。《司法解释》第18条对特别区域的采矿进行了规定，若当事人约定违反法律、行政法规的强制性规定或者损害环境公共利益的，人民法院应依法认定合同无效，并且人民法院对此类合同效力的认定不影响相关部门依法对违法违规行为进行行政监管和处罚。

（三）财政部、自然资源部与税务总局《矿业权出让收益征收办法》（财综〔2023〕10号）

2023年3月24日，财政部、自然资源部、税务总局联合印发《矿业权出让收益征收办法》，对出让收益征收方式、缴款及退库、新旧政策衔接、监督等方面加以改进提升，自2023年5月1日起施行。该办法延续了《矿业权出让收益征收管理暂行办法》的大部分条款，并结合征收管理实际情况，对征收管理体制、缴款和退库以及新旧政策衔接等方面进行了细化、调整和补充。[1]

矿业权出让收益相关制度的实施，在维护和实现矿产资源国家所有者权益、合理调节矿产资源收益分配、营造矿产资源市场公平竞争环境等方面发挥了积极作用。[2]《矿业权出让收益征收办法》根据实际需要，对《矿业权出让收益征收管理暂行办法》进行修订完善。健全完善矿业权出让收益制度，是严守资源安全红线底线，推动战略性矿产资源增储上产，增强维护能源资源、重要产业链供应链安全的重要举措。[3]

（四）自然资源部、财政部《关于制定矿业权出让收益起始价标准的指导意见》（自然资发〔2023〕166号）

《关于制定矿业权出让收益起始价标准的指导意见》（以下简称"166号文"）提出，非油气矿产（不含稀土、放射性矿产）矿业权出让收益起始价标准主要依据矿业权面积，综合考虑成矿条件、勘查程度等因素确定。省级自

---

[1] 王绍绍：《矿业权出让收益征收办法再完善 为企业切实减负》，载人民网，http://finance.people.com.cn/n1/2023/0426/c1004-32673859.html，最后访问日期：2024年8月8日。

[2] 《财政部、自然资源部、税务总局有关负责人就〈矿业权出让收益征收办法〉答记者问》，载中国政府网，https://www.gov.cn/zhengce/2023-04/15/content_5751657.htm，最后访问日期：2024年8月8日。

[3] 《为新时代矿业发展保驾护航——2023年我国矿业主要政策法规盘点》，载澎湃新闻，https://www.thepaper.cn/newsDetail_forward_25895642，最后访问日期：2024年8月8日。

然资源主管部门、财政部门可结合本地区实际情况，对矿业权出让收益起始价标准（参考值）进行调整，调整幅度不超过10%。具体执行标准报省级人民政府同意后公布实施。

"166号文"规定，起始价=起始价标准 × 成矿地质条件调整系数 × 勘查工作程度调整系数 × 矿业权面积。

此外，油气矿产矿业权出让收益起始价标准按"166号文"规定的油气矿产矿业权出让收益起始价标准执行。

（五）自然资源部办公厅《关于加强国土空间生态修复项目规范实施和监督管理的通知》（自然资办发〔2023〕10号）

2023年3月2日，自然资源部办公厅印发《关于加强国土空间生态修复项目规范实施和监督管理的通知》，就各级财政资金支持并由自然资源部门牵头组织实施的国土空间生态修复项目，明确要求加强规范实施和监督管理，对项目的重点环节提出针对性、规范性要求。

生态环境治理是一项系统工程，需要统筹考虑环境要素的复杂性、生态系统的完整性、自然地理单元的连续性、经济社会发展的可持续性。[1]《关于加强国土空间生态修复项目规范实施和监督管理的通知》有助于加强各级财政资金支持并由自然资源部门牵头组织实施的国土空间生态修复项目规范实施和监督管理。

（六）自然资源部《矿业权出让交易规则》（自然资规〔2023〕1号）

2023年1月3日，自然资源部印发《矿业权出让交易规则》（以下简称"1号文"）通过规范矿业权出让的交易行为，以确保矿业权出让交易公开、公平、公正，维护国家权益和矿业权人合法权益。与2017年印发的《矿业权交易规则》相比，"1号文"的主要变化为：优化了自然资源主管部门与交易平台的职责分工，细化了交易行为的起止条件，规范了出让公告发布后变更内容的工作要求，强化了交易流程和相关时限要求，明确了全面推进电子化交易以

---

[1] 习近平：《推进生态文明建设需要处理好几个重大关系》，载求是网，http://www.qstheory.cn/dukan/qs/2023-11/15/c_1129973727.htm，最后访问日期：2024年8月8日。

及完善了违约责任、信用监管。①

近年来，矿业权出让登记管理改革、交易平台建设、电子化交易、失信惩戒和协同监管等工作不断推进，外部环境发生了深刻变化，对矿业权出让交易提出了新要求。②自然资源部适时对《矿业权交易规则》进行修订具有重要意义。

（七）自然资源部《关于进一步完善矿产资源勘查开采登记管理的通知》（自然资规〔2023〕4号）

2023年5月6日，自然资源部印发《关于进一步完善矿产资源勘查开采登记管理的通知》（以下简称"4号文"）。"4号文"主要特点为：第一，采矿权矿区范围深部和上部无须办理探矿权；第二，不可抗力或非申请人原因无法勘查或转采区域可抵扣需缩减面积；第三，延长保留探矿权需提交证明材料；第四，已办理保留探矿权因非矿业权人自身原因不能转采可继续勘查；第五，招拍挂探矿权变更主体不受2年限制；第六，非砂石类矿产综合勘查、综合评价，无须办理勘查矿种变更；第七，明确采矿权申请的矿区范围；第八，探转采可变更缩减原勘查区域面积；第九，砂石类矿产和非砂石类矿产不允许相互变更；第十，明确了采矿权被决定关闭的注销程序。③此外，"4号文"在矿业权登记申请要件方面进行了精简优化。

矿产资源是经济社会发展的重要物质基础，矿产资源勘查开发事关国计民生和国家安全，近年来，我国矿产资源领域"放管服"改革不断深化，矿业权管理能力和水平不断提高，具备放宽在综合勘查、矿业权转让等方面的限制，精简审批登记环节和申请要件的条件。为防止矿业权申请人规避竞争出让，以高风险矿种名义申请登记探矿权但实际勘查低风险矿种，原国土资规〔2017〕14号文对矿产资源勘查矿种变更登记进行了严格限制，仅允许金属类矿产的探矿权变更为其他金属类矿产。为进一步搞活矿业权二级市场，鼓励

---

① 《自然资源部修订印发矿业权出让交易规则》，载中国政府网，https://www.gov.cn/xinwen/2023-01/11/content_5736249.htm，最后访问日期：2024年8月8日。
② 《自然资源部修订印发矿业权出让交易规则》，载中国政府网，https://www.gov.cn/xinwen/2023-01/11/content_5736249.htm，最后访问日期：2024年8月8日。
③ 《自然资源部勘查开采登记管理新政十大亮点》，载微信公众号"矿业投资圈"2023年5月14日。

社会资本投入矿产资源勘查开采，"4号文"取消了以招标拍卖挂牌等市场竞争方式取得的探矿权转让年限限制，并在探矿权转采矿权管理方面也进行了相关规定。此外，"4号文"进一步精简优化了登记要件。①

（八）自然资源部《关于深化矿产资源管理改革若干事项的意见》（自然资规〔2023〕6号）

2023年7月26日，自然资源部印发《关于深化矿产资源管理改革若干事项的意见》（以下简称"6号文"）。"6号文"允许已设采矿权深部或上部、周边、零星分散资源，以及属同一主体相邻矿业权之间距离300米左右的夹缝区域协议出让；调整了探矿权延续扣减面积比例；细化了油气探采合一制度；在矿业权交易中推广使用保函或保证金；探矿权保留登记期限由2年延长为5年；明确矿业权出让收益评估；与矿业权出让的各方规定衔接，调整了有关内容。②

"6号文"中的深化矿产资源管理改革是贯彻落实党中央、国务院一系列决策部署的重要举措。近年来，矿产资源管理改革取得积极成效，持续深化矿产资源管理改革是加强重要能源、矿产资源国内勘探开发和增储上产的客观需要，"6号文"修改中把握以下原则：一是落实中央关于矿产资源管理改革的部署以及加强重要能源、矿产资源国内勘探开发和增储上产的要求，符合《矿产资源法》修订指导思想和相关内容；二是保留了原文件的框架结构和主要内容，保持政策连续稳定，有效衔接；三是适应国内经济形势和外部环境变化，回应社会、企业诉求，采取更加积极的措施促进矿产资源勘探开发。③

---

① 《矿产资源"放管服"改革不断深化 激发矿业市场活力》，载人民网，http://finance.people.com.cn/n1/2023/0516/c1004-32687644.html，最后访问日期：2024年8月8日。
② 《自然资源部关于深化矿产资源管理改革若干事项的意见》（自然资规〔2023〕6号），https://www.gov.cn/zhengce/zhengceku/202308/content_6895965.htm，最后访问日期：2024年8月8日。
③ 《自然资源部有关司局负责人就〈自然资源部关于深化矿产资源管理改革若干事项的意见〉答记者问》，载中国政府网，https://www.gov.cn/zhengce/202308/content_6896567.htm，最后访问日期：2024年8月8日。

（九）自然资源部《关于规范和完善砂石开采管理的通知》（自然资发〔2023〕57号）

2023年4月10日，自然资源部《关于规范和完善砂石开采管理的通知》（以下简称"57号文"）印发。"57号文"对砂石开采管理从实施到执法等各方面提出工作要求，指导并规范砂石资源市场及开采秩序。

"57号文"支持现代化基础设施体系加快建设，并针对砂石资源开采中存在的问题，进一步提出规范管理的相关要求。该文件是全面贯彻落实中央部署要求，支持重大基础设施工程建设的具体举措。①

（十）自然资源部《关于完善矿产资源规划实施管理有关事项的通知》（自然资发〔2024〕53号）

随着矿业领域全面深化改革，特别是自然资源部《关于进一步完善矿产资源勘查开采登记管理的通知》（自然资规〔2023〕4号）和《关于深化矿产资源管理改革若干事项的意见》（自然资规〔2023〕6号）出台后，原有文件已经不能完全适应当前矿产资源管理改革的新形势新要求，因此，自然资源部制定印发了《关于完善矿产资源规划实施管理有关事项的通知》（以下简称"53号文"）。

一是进一步优化规划年度实施制度。"53号文"提出加强规划年度实施监测分析，通过规划编制实施管理信息系统开展填报，动态掌握各级规划实施进展。

二是健全规划动态调整机制。明确规划调整及其相关程序、提交材料的要求，简化调整材料，取消了勘查开采规划区块备案制度，同时对规划区块调整次数要求进行了规范。

三是强调要发挥规划引领支撑作用，提升矿产资源保障能力。从矿产开采的事项方面进行了完善，更好促进增储上产，提升资源供应保障能力。

四是进一步提高规划信息化服务水平。"53号文"强化规划数据库建设和规划编制实施管理系统的应用，使各平台做到动态更新，并与其他相关系统

---

① 《自然资源部矿业权管理司负责人解读〈关于规范和完善砂石开采管理的通知〉》，载新华网，http://www.xinhuanet.com/expo/2023-04/20/c_1212139262.htm，最后访问日期：2024年8月8日。

作好衔接。

三、重要矿业案例

【案例1：矿区征收投资仲裁纠纷】投资仲裁｜新加坡亚化集团和西北化工公司诉中国政府仲裁案[①]

【案情简介】

申请人为新加坡亚化集团（以下简称申请人一）和西北化工公司（以下简称申请人二，两申请人统称申请人），申请人都是根据新加坡法律成立的公司。被申请人为中华人民共和国政府（以下简称被申请人）。中国与新加坡间签订的双边投资协定（以下简称中国—新加坡BIT或协定）自1986年2月7日生效。

申请人通过其在中国境内的全资子公司四川绵竹华丰磷化工有限公司（以下简称华丰磷化）持有两个磷矿的采矿和勘查许可证，分别为Cheng Qian Yan矿（以下简称1号矿山）和Shi Sun Xi矿（以下简称2号矿山）。申请人同时拥有两个工厂，利用上述两个磷矿中开采的磷岩生产黄磷。此外，申请人一还持有德阳市峰泰矿业有限责任公司（以下简称峰泰矿业）55%的股权，峰泰矿业持有英雄崖重晶石矿（以下简称3号矿山）的采矿和勘查许可证。上述三矿区均位于中国四川省绵竹市，其中2号矿山和3号矿山位于九顶山自然保护区，是四川省政府在1999年建立的大熊猫保护区。

2017年，中国中央政府批准在三矿区所在地建立大熊猫国家公园试点（以下简称熊猫公园）。2017年8月至11月，四川省政府和绵竹市政府发布了一系列决定（以下简称决定），要求禁止在九顶山自然保护区和将要建立的熊猫

[①] AsiaPhos Limited and Norwest Chemicals Pte Ltd v. People's Republic of China, ICSID Case No. ADM/21/1, https://jusmundi.com/en/document/decision/en-asiaphos-limited-v-peoples-republic-of-china-composition-of-the-tribunal#decision_17303?su=/en/search?query=people%27s%20republic%20of%20china%20mining%20industry&page=1&lang=enhttps://jusmundi.com/en/document/en-asiaphos-limited-v-peoples-republic-of-china-composition-of-the-tribunal#decision_17303?su=/en/search?query=people%27s%20republic%20of%20china%20mining%20industry&page=1&lang=en.

公园及其周围采矿。

申请人认为，是绵竹市政府的决定导致2017年1号、2号和3号矿山的关闭以及相关探矿、采矿权的强制"退出"。且由于华丰磷化的生产完全依靠1号及2号矿山的磷矿，在磷矿储备耗尽后华丰磷化也被迫关闭。

被申请人认为，绵竹市政府没有下令封存1号或2号矿山，特别是1号矿山也没有被列入决定。申请人的采矿许可证没有被中国政府吊销或终止，而是过期了。且在过期后，中国政府没有向任何第三方颁发相关矿山的许可证。

【争议焦点】

1. 仲裁庭对本案争议事项是否具有管辖权

仲裁庭对争议的管辖权应以双方明确同意通过仲裁解决其争端为基础。这尤其适用于当事一方是主权国家的投资争端，因该主权国家一般享有司法豁免，不得在其本州法院以外的任何诉讼中被起诉。因此只有当一个国家明确表示同意对某类争端放弃其管辖权豁免时，仲裁庭才有权对其作出裁决。

在本案中，仲裁庭对本案争议事项的管辖权范围应基于被申请人在中国—新加坡BIT中明确同意仲裁的范围，即协定第13（3）条。但双方当事人对协定第13（3）条中被申请人同意的仲裁范围有不同观点：申请人认为仲裁庭有权对是否发生了征用作出判断，但被申请人认为该条所载的仲裁同意的范围仅限于关于征用赔偿数额的争议，而排除了是否发生征用的争议。

仲裁庭随即根据《维也纳条约法公约》（以下简称《维也纳公约》）第31条的一般解释规则及第32条的补充规定对协定第13（3）条进行解释。仲裁庭分析了协定第13（3）条重点词句的一般含义、其他相关条款的规定以及条约的目的，并考察了该条的起草历史、缔结条约时的情况等因素，认定协定第13（3）条中仲裁庭的管辖范围仅限于关于征用赔偿数额的争议。

2. 协定第4条中的最惠国条款（以下简称MFN条款）能否扩大被申请人的仲裁同意范围

协定第4条中的MFN条款，保证一国给予受惠国投资者的优惠待遇，不应低于该国给予第三国投资者的。申请人认为，该条规定也适用于投资争端的解决。被申请人的仲裁同意应通过 MFN 条款扩大。

仲裁庭指出，在评估是否可以通过 MFN 条款扩大一方的仲裁同意时，同样应当考虑该仲裁同意是不是当事人双方所明确表达的。仲裁庭援引了多个案例，如 Plama v. Bulgaria, European American Investment Bank AG v. The Slovak Republic, Berschader v. The Russian Federation，认为只有在贸易协定条款明确地认可了扩大管辖权的可能，或这种认可能够被明确推断出来时，才能通过 MFN 条款扩大仲裁同意。而在本案中，协定并未明示根据 MFN 条款扩大仲裁同意的可能性。因此，仲裁庭得出结论：本案中被申请人的仲裁同意范围并不能因协定第 4 条扩大。

【裁决结果】

支持被申请人的管辖权异议，仲裁庭对申请人的仲裁请求不具备管辖权。仲裁费等其他费用由申请人承担。

【案例评析】

一、管辖权异议的重要性

国际投资仲裁程序中，仲裁机构是否对案件有管理资格以及仲裁庭对案件及争议事项是否有管辖权，是仲裁程序得以进行的最重要前提。作为被申请人，在进行实体答辩以前考虑是否需要提出管辖权异议是至关重要的一步。有效的管辖权异议可以在不触及争议实质内容的情况下，在程序层面解决争议，从而规避了漫长且成本高昂的实体争论阶段，实现争议的快速解决。

二、矿业相关国际投资争议中投资协定条款的重要性

矿业实践中，跨国投资活动频繁，涉及从一国商事主体到另一国进行投资的行为。这种跨境投资行为一方面促进了资源的国际流动和经济的全球化发展，但同时也可能引发投资者与东道国政府之间的投资争端。在这类投资者诉东道国投资仲裁争议中，投资者本国与东道国之间签订的双边投资协定（BITs）、区域性或其他自由贸易协定（FTAs）等的条款在很大程度上直接决定了仲裁庭的管辖权范围、可适用的法律标准以及仲裁程序的具体规则。

因此，无论是作为申请人的投资者还是被申请人的东道国政府，在面临

国际投资仲裁争议时,都应当高度重视这些国际协定条款的解读。正确理解和应用这些协定条款,不仅能够帮助双方明确仲裁庭的管辖权限制,还能够在仲裁过程中为自己争取有利的立场。

【案例 2:特大矿业股权转让再审案】民事案例 | 山西煤炭运销集团晋城阳城有限公司与张某扬股权纠纷案[①]

【案情简介】

山西前首富张某明及其关联方,因项目开发资金短缺,将所持的金海煤矿股份转让给山西煤炭运销集团晋城阳城有限公司(以下简称阳城煤运)和吕中楼控制的沁和投资有限公司(以下简称沁和投资)。金海煤矿位于山西晋城市阳城县,拥有约 53.7 平方公里的煤田面积和 4.09 亿吨的资源总储量,是山西省内极为罕见的大型煤矿。

在 2009 年山西煤炭产业整合和资源兼并重组的背景下,金海煤矿因被单独保留而市价急剧上升至百亿元。张某明方认为,当初转让股权时的价格远低于市场价值,因此向阳城煤运和沁和投资发起诉讼,要求解除股权转让协议并返还股权。在初期的诉讼中,张某明方全部获胜,得到了全部股权。

张某明在 2014 年被公安机关带走后,具体下落和状况,外界知之甚少。直到 2023 年 6 月,张某明作为其子张某扬的诉讼代理人,再次出现在公众视野中,参与了与阳城煤运的股权纠纷再审。

此外,该案件还牵扯到了腐败问题。随着张某明和相关官员逐渐落网,司法系统获得拨乱反正,最高人民法院和山西省高级人民法院对本案相关的案件进行了再审。在再审过程中,法院撤销了之前支持张某明方的判决,并维持了部分原判。这一判决结果引发了广泛关注,因为它不仅涉及巨额的经济利益,而且关系到司法公正和法律的权威性。

[①] 最高人民法院(2023)最高法民再 180 号民事判决书。

【争议焦点】
1. 股权转让价格是否公平合理，是否为双方真实意思表示。
2. 股权转让协议是否有效，是否应返还股权。

【裁判结果】
最高人民法院及山西省高级人民法院撤销了原判，认为股权转让协议有效，不支持张某明方要求返还股权的请求。

【案例评析】
最高人民法院的判决体现了司法公正，纠正了之前存在的错误判决，恢复了市场交易秩序和法律权威。法院尤其强调了合同效力的重要性，即使股权价值因市场变化而增值，也不能仅以公平原则为由否定合同效力，除非有充分证据证明合同存在违法或不公情形。具有重要意义，有助于维护矿业产权和股权的公平交易，对类似案件具有指导作用。

【案例3：国内探矿权纠纷】民商事争议｜某新材料集团股份有限公司与西藏某矿业开发有限公司、王某探矿权纠纷案[①]

【案情简介】
某新材料集团股份有限公司（以下简称中某公司）与西藏某矿业开发有限公司（以下简称万某公司）及王某之间因探矿权转让合同而产生的纠纷。双方签订了《探矿权转让合作协议》及补充协议，中某公司依约应设立项目公司，并由万某公司将其探矿权转让给该项目公司。合同中详细规定了探矿权的基本情况、转让价款及支付方式、双方的权利和义务等内容。在合同履行过程中，中某公司认为万某公司及王某未履行合同中的多项义务，包括协助设立项目公司、过户探矿权、移交相关文件和资产等，导致中某公司遭受经济损失。

双方在河南省栾川县人民法院进行调解并达成了民事调解书，但中某公司随后对万某公司及王某提起诉讼，请求赔偿损失和违约金。一审法院审理

---

① 河南省高级人民法院（2023）豫民终62号民事判决书。

后认为万某公司及王某未构成违约，驳回了中某公司的所有诉讼请求。中某公司不服一审判决，上诉至河南省高级人民法院。二审法院经审理后，维持了一审法院的判决，认为中某公司的上诉理由不能成立，并由中某公司承担二审案件受理费。最终，中某公司的合同目的得以实现，探矿权被强制过户至其名下，但法院未支持其关于违约金和经济损失的主张。

【争议焦点】

双方签订的《探矿权转让合作协议》及补充协议的效力。万某公司在履行协议和民事调解书过程中是否构成违约，责任如何承担。

【裁判结果】

河南省高级人民法院二审认为：双方签订的《探矿权转让合作协议》及补充协议有效，对双方具有法律约束力。万某公司虽有未按照协议和调解书履行义务的违约行为，但不构成根本性违约。中某公司的合同目的已经实现，因此不支持中某公司主张的3500万元违约金。中某公司自愿代替万某公司承担还款义务，目的是取得探矿权许可证，且最终通过诉讼的方式取得了探矿权许可证，故中某公司无权向万某公司行使追偿权，不支持其主张的134万元费用。中某公司支付给王某磊的500万元补偿款是中某公司对自身权利义务的处理，与本案不具有关联性，不支持其主张由万某公司、王某承担。驳回上诉，维持原判，二审案件受理费由中某公司负担。

【案例评析】

本案中，中某公司与万某公司、王某之间的探矿权转让合同纠纷涉及多个法律问题，包括合同的成立与效力、违约责任的确定与承担等。法院在审理过程中，严格依据相关法律规定和合同条款，对双方的权利义务进行了详细的审查和判断。法院确认了双方签订的合同及补充协议的法律效力，即便合同履行涉及行政审批也不影响合同的成立和效力。万某公司虽有违约行为，但并未构成根本性违约，且中某公司的合同目的已经实现，因此不支持中某公司主张的高额违约金。关于中某公司主张的费用，法院认为是中某公司为了自身利益自愿承担的债务，且探矿权已过户，因此不支持其追偿权。本案体现了法院在处理合同纠纷时，尊重当事人意思自治的原则，同时兼顾法律规定和合同实际履行情况，力求公平合理地解决纠纷。

【案例4：国内采矿权纠纷】民商事争议｜贵阳某某矿业有限公司与贵阳市白云区沙文镇某某土矿采矿权纠纷案[①]

【案情简介】

贵阳某某矿业有限公司（以下简称矿业公司）与贵阳市白云区沙文镇某某土矿（以下简称土矿）之间因采矿权转让合同的履行发生纠纷。矿业公司与土矿签订了一份采矿权转让合同，根据合同约定，土矿应将其拥有的采矿权转让给矿业公司，而矿业公司则需支付相应的转让款。合同签订后，矿业公司按照约定向土矿支付了款项，并开始进行采矿作业的准备工作。

然而，在合同履行过程中，矿业公司发现土矿并未按照合同约定履行其义务，包括但不限于未及时移交必要的采矿权证照、未清理完毕矿区的前期遗留问题等，导致矿业公司无法顺利开展采矿作业，从而遭受了经济损失。矿业公司认为土矿的行为构成违约，遂向法院提起诉讼，请求判令土矿赔偿其因违约所遭受的经济损失，并支付合同约定的违约金。

一审法院审理后，对双方的合同履行情况、违约事实以及损失金额进行了审查，并作出了判决。矿业公司对一审法院的判决结果不服，认为一审法院在认定事实和适用法律方面存在错误，遂向二审法院提起上诉，请求撤销一审判决，依法改判支持其全部诉讼请求。

二审法院在审理过程中，对一审法院查明的事实进行了复核，并进一步审理了双方当事人提交的新的证据和辩论意见。二审法院认为，一审法院在审理过程中存在对部分事实认定不清和法律适用错误的问题，因此对一审判决进行了改判。最终，二审法院根据案件的实际情况，依法作出了新的判决，明确了土矿的违约责任，并确定了矿业公司应得的赔偿金额。

【争议焦点】

1. 土矿是否违反了合同约定的义务；
2. 矿业公司所主张的经济损失及违约金是否有充分的事实和法律依据；
3. 赔偿金额的合理性及计算方式。

---

① 贵州省贵阳市中级人民法院（2024）黔01民终494号民事判决书。

【裁判结果】

在本案中，法院经过审理，对双方当事人的主张和证据进行了全面审查，最终作出判决。法院确认了土矿未能履行合同中的关键义务，包括未及时移交采矿权证照、未清理完毕矿区的前期遗留问题等，这些行为构成了违约。基于此，法院判决土矿应承担相应的违约责任，包括赔偿矿业公司因违约所遭受的经济损失及支付合同约定的违约金。在审理过程中，法院对矿业公司所遭受的经济损失进行了详细的审查和计算，包括直接经济损失、预期利润的丧失等，确保赔偿金额的合理性和准确性。同时，法院根据合同约定及实际违约情况，确定了土矿应支付的违约金数额。此外，法院还对判决的执行问题作出了指示，明确了赔偿款项的支付方式和时间表，以保障矿业公司能够得到实际的经济补偿。对于诉讼费用的承担，法院也作出了判定，由败诉方承担大部分或全部诉讼费用。

【案例评析】

本案中，法院的判决体现了对合同履行中违约责任的严格界定，以及对损失赔偿和违约金计算的合理性考量。法院在判决中既考虑了合同双方的实际履约情况，也充分考虑了矿业公司的实际损失和预期利益，力求实现判决的公平与公正。同时，本案也提醒了合同当事人在签订和履行合同过程中，应当严格遵守合同约定，及时履行合同义务，避免因违约而产生不必要的经济损失和法律责任。此外，本案还强调了在合同纠纷中，当事人应当提供充分的证据来证明其主张的损失和违约金的合理性，以便法院能够作出公正的判决。

【案例5：国内采矿权纠纷】民商事争议｜华坪县焱光实业有限公司与曾某采矿权纠纷案[①]

【案情简介】

华坪县焱光实业有限公司（以下简称焱光公司）与曾某签订了一份采矿权转让合同，依据该合同，焱光公司向曾某支付了约定的转让款项，以期获

---

① 云南省永胜县人民法院（2023）云 0722 民初 245 号民事判决书。

得特定的采矿权，进而开展采矿作业。合同中明确了双方的权利与义务，包括曾某应当履行的特定条件和焱光公司应当支付的款项等关键条款。然而，在合同的履行过程中，焱光公司发现曾某未能遵守合同中的某些关键性义务，这些未履行的义务直接影响了焱光公司获取采矿权和进行采矿作业的计划。

具体而言，曾某的违约行为可能包括但不限于未按约定时间交付相关的采矿权证照，未能妥善解决采矿区域的遗留问题，或其他影响焱光公司正常开展采矿作业的行为。由于曾某的违约，焱光公司无法按计划进行采矿，导致了包括设备投入、人工成本、预期利润等方面的直接和间接损失。在与曾某协商未果后，焱光公司将其诉至法院，请求判令曾某赔偿因其违约造成的经济损失，并依据合同条款支付相应的违约金。

焱光公司在诉讼中提出，曾某的违约行为违反了合同法的基本原则，损害了其合法权益，故请求法院依法判决曾某承担相应的法律责任。

【争议焦点】

曾某是否违反了合同义务导致采矿权无效。

【裁判结果】

法院最终认定：确认原告（反诉被告）焱光公司与被告（反诉原告）曾某于2021年5月11日签订的转让协议无效。由本诉被告曾某于本判决生效后30日内将油米塘煤矿返还给本诉原告焱光公司。

【案例评析】

在本案中，采矿权的转让合同因为转让方未能履行手续和关键义务，导致受让方在没有获得实际权利的情况下预先投入大量成本，造成巨大的损失。法院综合考虑了转让方的过错程度和受让方的实际损失，确定转让协议无效，并使投入了成本的受让方获得了预期利益。法院的判决体现了司法公正，确保了受损害方的合法权益得到有效救济，同时也维护了市场经济秩序，促进了社会经济的健康发展。

四、矿业投资风险与挑战

（一）国内采矿权与采矿权纠纷

在国内矿产资源领域，探矿权与采矿权的转让合同履行过程中出现纠纷的现象较为常见，这通常与合同条款的不明确、市场变化的不确定性以及相关法律法规的复杂性有关。合同履行风险主要表现在一方未能遵守合同约定，如未能及时移交必要的证照或未妥善处理矿区的遗留问题，导致另一方无法正常开展作业。在违约发生后，受损害方往往会向法院提出赔偿经济损失的请求，这包括直接损失和预期利润的丧失。违约金条款在违约时常常成为争议焦点，受损害方主张违约方支付违约金，而违约方则可能对违约金的合理性提出异议。此外，法律适用问题也常常成为案件争议的一部分，因为探矿权和采矿权的转让除了要遵守合同法的一般规定外，还需遵循矿产资源法及相关行政法规的具体要求。在司法审判过程中，法院需要综合考虑合同条款、矿产资源法律法规以及实际损失情况，这增加了审判的复杂性。同时，能否提供充分、有效的证据证明违约行为及损失数额是受损害方胜诉的关键。因此，探矿权与采矿权纠纷的解决不仅需要法律专业知识，还需要对矿产资源领域的深入了解。

在处理这些纠纷时，法院的判决通常体现了对合同法基本原则的尊重，力求在保护受损害方合法权益的同时，也考虑到违约方的实际情况，避免造成不合理的经济负担。法院在判决中会严格界定违约责任，合理计算损失赔偿，并适度判处违约金，旨在通过司法手段维护市场交易的秩序和公平性。同时，法院的判决也强调了证据的重要性，提醒当事人在合同履行过程中应当注意保留相关证据，以便在纠纷发生时能够有效地维护自己的合法权益。然而，由于涉及专业领域的知识，探矿权与采矿权纠纷案件的司法审判过程往往较为复杂，需要法院对合同的性质、当事人的过错、实际损失以及法律规定进行综合考量。总体来看，国内探矿权与采矿权纠纷的处理仍然面临一些挑战，包括合同规范化程度不足、风险管理意识有待提升、法律服务专业化水平需要进一步提高、纠纷解决机制需要多样化以及法律环境需要进一步优化等。随着国内矿产资源市场的不断发展和完善，预计未来这些纠纷的处理将趋向规范化、专业化和技术化，法律环境将不断完善，纠纷解决机制将更加多样化和高效。

（二）境外矿产地武装冲突的风险与救济

各大资源国的矿业实体项目经受着当地居民或者非法采矿团体的威胁和

阻挠，严重的甚至将可能带来停产风险。

武里蒂卡金矿位于哥伦比亚安蒂奥基亚省，享有世界级"明珠"的美誉。该金矿由中资企业紫金矿业集团股份有限公司（以下简称紫金矿业）的控股子公司大陆黄金有限公司哥伦比亚分公司（以下简称大陆黄金）运营，紫金矿业持有大陆黄金 69.28% 的股份。

2023 年 5 月 17 日，紫金矿业控股子公司大陆黄金旗下的武里蒂卡金矿遭遇爆炸恐怖袭击。事件造成大陆黄金外协安保公司和劳务公司的 2 人遇难，以及包括 4 名哥伦比亚国家警察在内的 14 人受伤，无中方人员在袭击中受伤。初步调查显示，袭击事件为当地非法采矿组织所为。事件发生后，紫金矿业呼吁哥伦比亚当局加大对非法采矿相关暴力行为的打击力度，并采取有效措施保护相关企业的合法权益及其员工的人身安全。[1]

2023 年 5 月 31 日，大陆黄金发布通告称，5 月 29 日武里蒂卡金矿一名工人遭枪击受伤，5 月 30 日金矿再度遭遇袭击，一辆型号为 Robojet Alpha 30 的车辆和一辆混合车被焚烧。大陆黄金称，在此情形下，当地工作人员不得不撤离，并且督促哥伦比亚当局核实该地区局势，"非法采矿活动没有停止，相反通过使用爆炸、引爆和武器变得更为嚣张"。

2023 年 6 月，路透社报道称，因五月底该金矿再次遭受袭击，紫金矿业目前已关闭了武里蒂卡矿场 60% 的采矿业务。当地媒体将谴责声指向盖塔尼自卫队（哥伦比亚的主要武装组织之一），但盖塔尼自卫队否认参与该袭击。尽管紫金矿业一再呼吁国家保护，哥伦比亚当局仍未能确保采矿现场的安全。[2]

2023 年 6 月 12 日，紫金矿业援引《中华人民共和国政府和哥伦比亚共和国政府关于促进和保护投资的双边协定》（以下简称《中国—哥伦比亚 BIT》）向哥伦比亚发出争议通知，称哥伦比亚未能提供充分的保护与安全，要求该国支付数百万美元赔偿。

---

[1] 《突发！海外金矿遇袭致 2 死 14 伤！3000 亿巨头凌晨回应》，载澎湃新闻，https://www.thepaper.cn/newsDetail_forward_23145245，最后访问日期：2024 年 3 月 20 日。

[2] 魏颖译：《海外金矿遭恐怖袭击，紫金矿业向哥伦比亚发出争议通知》，载微信公众号"丝绸之路国际法与比较法研究所"2023 年 11 月 27 日，https://mp.weixin.qq.com/s/lTgwc4xizLmSSe3UYJ81GQ。

《中国—哥伦比亚 BIT》载有"全面的保护与安全"规定的条款如下：

第二条 投资的促进、准入和保护

一、各缔约方应促进另一缔约方投资者在其领土内的投资并根据其法律准入该投资。

二、在不损害其法律的前提下，缔约一方不得对缔约另一方投资者在其境内投资的管理、维持、使用、享有、处分和清算采取任何不合理的或歧视性的措施。

三、每一缔约方都应根据习惯国际法给予另一缔约方的投资者在其领土内的投资以公平公正待遇和全面的保护和安全。

四、为进一步明确，

（一）"公平公正待遇"和"全面的保护和安全"的概念并不要求给予超出根据习惯国际法标准给予外国人的最低待遇标准所要求之外的待遇。

（二）违反了本协定或其他国际协定的其他条款并不意味着违反外国人最低待遇标准。

（三）根据普遍接受的习惯国际法原则，"公平公正待遇"包括禁止在刑事、民事或行政程序中拒绝司法。

（四）"全面的保护和安全"标准在任何情况下都不意味着给予投资者比投资所在缔约国国民更好的待遇。

除紫金矿业所属的武里蒂卡金矿之外，2023 年 1 月 30 日，中国五矿集团旗下上市公司五矿资源公告称，由于运输受阻，公司旗下 Las Bambas 铜矿关键物资出现短缺，将于 2 月 1 日起暂停生产。这将是该铜矿自 2021 年以来的第三次停产。[①]Las Bambas 位列全球第九大铜矿，于 2016 年开业。目前该矿的精铜矿产量约为 29 万吨，矿山现库存 6 万吨，约占全球铜供应量的 2%。五矿资源指出，受秘鲁延续数周的全国示威抗议活动影响，目前，Las Bambas 铜矿已调动其矿山安保人员，确保财产安全。

2022 年 12 月，秘鲁前任总统卡斯蒂略被国会弹劾下台，时任副总统博卢

[①] 《全球第二大铜矿暂时停产，铜供应紧张，我国铜产量 2022 年增长 4.5%，概念股集体上涨》，载证券时报网，http://stcn.com/article/detail/794009.html，最后访问日期：2024 年 3 月 20 日。

阿特宣誓就任总统。卡斯蒂略在离开总统府的途中被秘鲁司法机关逮捕。因不满卡斯蒂略下台和被监禁，秘鲁全国爆发了大规模暴力抗议活动。示威者封锁了秘鲁各地的道路，并与安全部队发生冲突。暴力扰乱已经持续了六个多星期。秘鲁是世界第二大铜生产国，该国占据了全球约一成的铜供应。随着秘鲁暴力抗议活动激增，该国多处重要铜矿遭到暴力袭击，不得不停产以保护工人和矿产安全，对正常生产造成巨大影响。①

（三）矿产资源国政策变化的风险和挑战

由于全球政治经济动荡，保护主义抬头，各矿产资源国多有意愿将"矿业"作为本国内政治博弈的筹码，为矿业境外投资者带来了新的挑战。

2023年，紫金矿业作为全球40家矿企之一，其在海外的大宗投资迎来了诸多机遇与挑战，其中，最引人注目的是旗下的波格拉金矿在经历两年的停产后终于在2023年末迎来了复产。②

波格拉金矿是紫金矿业旗下产量最大的金矿，也是世界十大金矿之一，2007年起由加拿大黄金巨头公司巴里克通过子公司BNL购入了波格拉金矿95%的股份，剩下的5%由当地省政府和土地所有者分别持有。2015年，紫金矿业综合国际金价暴跌、加拿大政府削减海外矿产资产、国内融资环境良好的东风，以较低的价格买入了50%BNL的股份，也就是获得了波格拉金矿47.5%的权益。2019年，紫金矿业黄金产量共40吨，其中五分之一来自波格拉金矿。③

波格拉金矿的采矿权已于2019年8月到期，到期后需要巴新政府作出采矿权延期的决策才能继续。然而，2019年新总统上台，新总统意将波格拉金矿采矿权收归国有，在金价高涨的情况下提高政府收入。巴新政府于2020年4月决定不批准波格拉金矿特别采矿权延期申请。在磋商和让利谈判无效的情况下，BNL公司宣布波格拉金矿停产并经由ICSID采取国际争端解决方式以

---

① 《受示威抗议活动影响，五矿集团旗下秘鲁铜矿再度停产》，载证券时报网，http://www.stcn.com/article/detail/782414.html，最后访问日期：2024年3月20日。

② 《紫金矿业集团股份有限公司关于巴布亚新几内亚波格拉金矿全面复产的公告》。

③ 吴翠婷：《紫金矿业鏖战巴布亚新几内亚》，载微信公众号"远川研究所"2021年2月19日，https://mp.weixin.qq.com/s/E6cfkakZ4h_eBFLmvmXIEg。

解决该争议。目前，该案因双方达成调解，未公开 ICSID 决定。① 紫金矿业于 2023 年 4 月宣布，将与巴新政府及新波格拉合营公司签订三方协议，尽快启动波格拉金矿的复产，②并于 2023 年 12 月 12 日正式发布了复产通知。

紫金矿业波格拉金矿案是我国矿业企业采用国际争端解决机制维护自身利益的一大里程碑案件，也在国际局势动荡、各大矿产资源国采取保护性措施的国际趋势下，为其他中国企业面临相似问题时树立了正面的榜样。

（四）热点新能源产业相关矿产的新动向

除金矿之外，与迅猛发展的清洁能源产业息息相关的锂矿业也逐渐走入矿业投资争端的中心，除了在多数锂矿大国国内政治较为混乱，经济稳定性较弱，各国也更加希望锂矿的收益归本国所有，缩紧境外投资设厂的情况下，投资股权的交易争夺也趋于白热化，中国矿企投资锂矿的风险日益增加，其中具有代表性的是紫金矿业收购 Manono 锂矿项目的风波。

Manono 锂矿为全球已发现最大可露天开发的富锂伟晶岩矿床之一，一开始，Manono 锂矿由刚果（金）Dathcom 公司持有 100% 权益。Dathcom 公司是一家成立于 2016 年的合资公司，经多次补充协议的签订，2017 年澳大利亚 AVZ 国际公司、刚果（金）国家矿业开发公司（COMINIERE）和达索米尔矿业资源有限责任公司（Dathomir Mining Resources SARL）分别持有股份 60%、25%、15%。③ 2021 年 7 月，紫金矿业通过全资子公司金城矿业与 COMINIERE 达成协议，作价 3300 万美元，购买其持有的 Dathcom 公司 15% 股份，紫金矿业年报显示，截至 2021 年 12 月 31 日，紫金矿业已支付 501.6 万美元。④

该项交易受到 AVZ 阻挠，对方拒绝召开董事会、股东会，并两次向法院提起诉讼，迫使交易走向司法程序；2021 年 11 月，刚果（金）卢本巴西商事

---

① Barrick（Niugini）Limited v. Independent State of Papua New Guinea（ICSID Case No. CONC/20/1），https://icsid.worldbank.org/cases/case-database/case-detail?CaseNo=CONC/20/1.

② 《紫金矿业集团股份有限公司关于巴布亚新几内亚波格拉金矿进展的公告》。

③ 《刚果（金）世界级 Manono 锂矿开发在即 紫金矿业持股 15%》，载紫金矿业网站，https://www.zjky.cn/news/news-detail-119256.htm，最后访问日期：2024 年 3 月 20 日。

④ 《紫金矿业集团股份有限公司 2021 年年度报告》，载紫金矿业网，http://www.zjky.cn/upload/file/2022/03/18/689c56d9d3a84d14bf7d17ae70d3b1eb.pdf，最后访问日期：2024 年 8 月 8 日。

法院驳回 AVZ 申请并主持召开股东大会批准了 COMINIERE 向金城矿业转让 15% 股权事项，金城矿业成为持有 Dathcom 公司 15% 股权的合法股东，并完成相关商业注册和动产登记号变更（RCCM）。此后，AVZ 进一步在多渠道进行了反对和阻挠，2022 年 1 月，卢本巴西商事法院再次驳回 AVZ 就撤销相关股东会决议及已变更的 RCCM 的诉讼请求。[①] 为一揽子彻底解决 Manono 锂矿开发权争议，2022 年 5 月 24 日，金城矿业向国际商会（ICC）提起针对 AVZ 的仲裁，请求确认其受让 Manono 锂矿项目 15% 股权合法有效。

2024 年 3 月 15 日，国际商会仲裁院决定不审理金城矿业提起的案件。该案指控 AVZ（通过其子公司 AVZ International）滥用其在 Dathcom 的多数股权，拒绝承认金城矿业在 Dathcom 的所谓股权。国际商会仲裁院拒绝审理该诉讼请求，理由是金城矿业没有出现在 Dathcom 的股份登记册上，因此不能向国际商事仲裁法院提起诉讼，国际商事仲裁法院是仅为 Dathcom 的"股东"提供争议解决服务的机构。[②] 目前，该案将继续在刚果（金）当地法院进行审理。

无独有偶，在锂矿产业，另一个行业巨头赣锋锂业也在 2023 年遭遇了重大投资风险。Sonora 项目（以下简称该项目）是目前全球最大的锂资源项目之一，是位于墨西哥 Sonora 的露天矿及锂化工产品加工设施。江西赣锋锂业集团股份有限公司（以下简称赣锋锂业）对该项目的开发基于一系列根据墨西哥法律授予的特许权，并通过在墨西哥注册的三家控股子公司（以下简称墨西哥子公司）持有。

2022 年 4 月，墨西哥政府批准了矿业法修正案，将锂资源国有化，并于 2023 年 5 月颁布总统令改革矿业法，限制外国投资者的权利。改革后的矿业法将锂矿列为战略资源，禁止锂矿特许权。

赣锋锂业随即与墨西哥政府交涉，认为其通过墨西哥子公司持有的锂矿

[①] 《刚果（金）世界级 Manono 锂矿开发在即 紫金矿业持股 15%》，载紫金矿业网站，https://www.zjky.cn/news/news-detail-119256.htm，最后访问日期：2024 年 8 月 8 日。

[②] "The curious case of AVZ the Congo and the biggest lithium deposit on the planet"，https://www.businessnews.com.au/article/The-curious-case-of-AVZ-the-Congo-and-the-biggest-lithium-deposit-on-the-planet, 2024-03-19.

特许权是在矿业法改革之前取得，不应受到矿业法改革的影响，这符合墨西哥宪法中的不溯及既往原则。墨西哥矿业总局（DGM）遂发起对墨西哥子公司持有的 9 个锂矿特许权的复核，其中包括 Sonora 项目的主要锂矿特许权。DGM 表示，如果墨西哥子公司未在规定时限内提交充分证据以证明在 2017 年至 2021 年期间按时履行了锂矿特许权开发的最低投资义务，将面临取消上述锂矿特许权的风险。赣锋锂业称，墨西哥子公司已及时提交了充分的证据以证明其按时履行了最低投资义务，且事实上其开发投资远大于墨西哥法律规定的最低投资义务。

但在 2023 年 8 月，DGM 仍向赣锋锂业墨西哥子公司发出了正式取消上述 9 个锂矿特许权的决定通知。随后，赣锋锂业的全资子公司赣锋国际贸易（上海）有限公司及墨西哥子公司针对上述决议向墨西哥经济部提起行政复议，但墨西哥经济部维持了该决议。

总部位于英国的 Cadence 公司是赣锋锂业在 Sonora 项目中的合作矿业公司，已就撤销 Sonora 项目特许权事项依据《墨西哥—英国双边投资协定》向墨西哥发出争议通知。赣锋锂业表示，其将积极采取措施就其在墨西哥的 9 个锂矿特许权被取消事项寻求救济，包括但不限于对墨西哥提起国际仲裁。

赣锋锂业称，事实上墨西哥子公司的矿山开发投资远大于墨西哥法律规定的最低投资义务，且墨西哥子公司每年在规定的期限内向 DGM 提交了 2017—2021 年期间的年度报告，详细说明了运营情况，墨西哥政府从未提出过任何异议，直到 2023 年 8 月，DGM 才通知公司，称公司没有满足最低投资义务，并取消了 9 个锂矿特许权。①

为维护自身权益，赣锋锂业向墨西哥政府提出了行政复议，可惜的是，墨西哥政府经济部仍维持原墨西哥矿业总局发出的取消矿产特许权的决定。② 公司将通过其子公司根据墨西哥法或国际法寻求额外的应对措施，包括但不限

---

① 《赣锋锂业回应 9 个锂矿特许权被墨西哥政府取消进展：等消息》，载澎湃网，https://www.thepaper.cn/newsDetail_forward_24521772，最后访问日期：2024 年 3 月 20 日。
② 《赣锋锂业控股子公司矿产特许权被墨西哥矿业总局取消 提请仲裁被登记》，载每经网，https://www.nbd.com.cn/articles/2024-06-25/3439994.html，最后访问日期：2024 年 8 月 8 日。

于国际仲裁或行政诉讼。公司将采取一切措施保护公司的合法权益。①

该案是目前中国最新发生的重大国际投资争议，墨西哥政府的特许权收回行为有可能被定性为国际投资领域的"征收"，赣锋锂业在积极寻求磋商和国内救济的同时，也做好了进行国际仲裁的准备，该案的结果将会对中国企业在境外投资环境带来重大影响，应当积极予以关注。

（五）国际贸易制裁与对外矿业投资

俄罗斯、乌克兰和白俄罗斯矿产资源丰富，三国在矿业方面相互依赖的同时也进行着不断博弈，对全球矿产市场具有显著影响。然而自俄乌冲突发生以来，区域矿产资源供应链被打断，部分矿业开发活动停滞，部分矿产品价格也产生剧烈波动。②俄乌冲突对全球矿业市场造成巨大冲击，推动矿业金融治理格局发生演变，对国际矿业市场的发展轨迹产生了深刻影响。

随着冲突的持续和扩散，西方与俄罗斯的制裁及其反制裁措施进一步深化了国际矿业市场贸易的格局和结构变化。面对这种不断变化的国际矿业市场，中国企业的对外矿业投资面临着新的挑战。

1. 2023年西方对俄罗斯矿业的制裁措施

（1）美国

2023年2月24日，美国财政部外国资产控制办公室（Office of Foreign Assets Control，OFAC）根据14024号行政命令（Executive Order 14024），发布了一项行业决定（Determination pursuant to Section 1（a）（i）of Executive Order 14024 – Metal and Mining Sector of the Russian Federation Economy，《2023决定》），授权对任何经营或曾经经营俄罗斯联邦经济的金属和采矿业的实体或个人实施经济制裁。同日，OFAC根据该《2023决定》将4家俄罗斯实体认定为受制裁的金属和采矿业实体，列入特别指定国民名单（Specially Designated Nationals and Blocked Persons）。③

---

① 《江西赣锋锂业集团股份有限公司关于墨西哥Sonora项目进展的公告》。
② 朱清、牛茂林、朱海碧：《俄乌冲突与国际矿业市场演化》，载《太平洋学报》2023年第10期。
③ 斯响俊、朱韦悦：《美国制裁背景下，中国企业涉俄金属采矿业务的风险与应对》，载微信公众号"中伦视界"2023年7月19日，https://mp.weixin.qq.com/s/u905GcrrB2TozINWd9no_w。

2023年5月美国对金矿商Polyus公司、多金属国际公司的子公司Polymetal开展制裁，限制其经营活动。2023年7月，美国限制俄罗斯矿业公司进入全球金融体系。[①]

2023年9月16日，美国将俄罗斯大型铜业公司和矿业勘探开发公司AGD钻石股份公司等列入新一轮制裁名单。

（2）英国

英国政府2023年5月19日公布了对俄罗斯矿产部门的制裁措施，该制裁措施针对铝、钻石、铜和镍的进口。

2023年12月14日，英国政府宣布将针对俄罗斯金属实施新的制裁措施，禁止英国公民和公司直接或间接购买源自俄罗斯或位于俄罗斯的金属。该文件将铜、镍、铝、铅、锌、锡和钴列为限制对象，但并未提及钯等贵金属。

（3）欧盟

2023年12月7日，欧盟委员会通过了第九轮针对俄罗斯的一揽子制裁草案，其中包括对俄罗斯能源和矿业部门采取进一步的经济制裁，包括禁止对俄罗斯采矿业进行新投资。据悉，如果"禁止对俄罗斯采矿业新投资"的制裁获得批准，将是欧盟首次对俄罗斯金属行业采取直接性的措施。根据经济合作与发展组织（OECD）统计，作为出产黄金、铁矿石、铀、磷酸盐等大宗商品的国家，俄罗斯四分之一的外国投资集中在矿业。有知情人士透露，目前欧盟对俄罗斯矿业投资的禁令范围仍在商讨中，有可能豁免一些特定矿产。

2.我国企业对外矿业投资面临的挑战

由于美国、英国以及欧盟等国家和地区将对俄罗斯的行业制裁范围扩大到金属采矿业，对于与俄罗斯金属采矿企业进行交易的中国企业来说，以下行为可能导致面临被制裁的风险：（1）从事定义范围内的俄罗斯金属采矿业，包括在俄罗斯境内从事金属开采以及相关的境内外运输、加工、提炼等行为；（2）向受制裁的俄罗斯金属采矿企业交易提供了财务、物质或技术支持，或向其提供了商品或服务的帮助、赞助或支持的。

---

① 朱清、牛茂林、朱海碧：《俄乌冲突与国际矿业市场演化》，载《太平洋学报》2023年第10期。

针对俄罗斯金属采矿业的制裁措施的实施将会对全球产业链产生深远影响，导致能源、金属等关键物资的价格上涨。同时也对中国企业与俄罗斯进行交易带来额外的成本和风险压力，可能涉及支付困难、货币波动以及合规挑战等方面的问题。

五、展望

经历新冠疫情后，叠加全球经济衰退、通货膨胀蔓延、贸易摩擦不断，如今的国际政治局势、波谲云诡、动荡不安。从疫情前的中美贸易冲突，到波澜起伏、尚未彻底结束的俄乌战争，再到加剧恶化的巴以冲突，各国之间矛盾冲突已经从经贸争端升级到政治军事的斗争，地缘性政治冲突事件不断出现，甚至很多国家还爆发内乱，对于布局全球的矿业企业来说，海外风险的日益严重，为未来的生产和投资决策带来很多新的变化，中国矿业的发展将会是充满机遇和挑战的。

在政府和企业的摩擦日益增加的情况下，提起国际诉讼或仲裁将会是企业解决问题的优选方案，企业有必要重视未来的国际谈判和争议解决的潜在风险，需要给予高度关注。

仲裁立法现代化改革——德国方案的启示

孙 珺[*]

● 摘 要

2023年4月、2024年2月，德国联邦司法部先后就改革纲要、改革提案公布文件，推进仲裁立法现代化改革。20世纪末，德国进行了一次具有里程碑意义的仲裁立法现代化改革。自1997年改革以来，经过约四分之一个世纪，进入21世纪，德国进一步推进仲裁立法的现代化改革。综观德国仲裁立法现代化改革方案，阐述其"与国际接轨""以当事方为中心"的基调，分析其对中国的启示。中国可借鉴德国既有的改革成果及目前的改革方案，"采纳国际范本""尊重当事方意思自治"，以期构建更具国际竞争力的仲裁制度，提升中国作为仲裁地在国际上的吸引力。

● 关键词

仲裁立法 现代化改革 德国方案 联合国贸法会示范法 当事方意思自治

Abstract: In April 2023 and February 2024, the German Federal

---

[*] 孙珺，河海大学法学院教授。

Ministry of Justice successively released documents on the reform outline and proposals to promote the modernization of arbitration legislation. At the end of the 20th century, Germany carried out a milestone modernization reform of arbitration legislation. Since the reform in 1997, after about a quarter of a century, entering the 21st century, Germany has further advanced the modernization reform of arbitration legislation. Observing the modernization reform path of German arbitration legislation, expounding it's keynote of "linking up with the international community" and "putting the parties at the center", and analyzing its inspiration for China. China can learn from Germany's existing reform achievements and current reform plans, "adopt international model" and "respect party autonomy", and build a more internationally competitive arbitration system to enhance China's attractiveness as the seat of arbitration in the world.

Key Words: Arbitration Legislation, Modernization Reform, German Path, UNCITRAL Model Law, Party Autonomy

导言

在德国，关于仲裁程序的规范，规定在《民事诉讼法》（Zivilprozessordnung[①]，ZPO）第十编中，与中国不同，并不存在一部专门的《仲裁法》。德国立法者没有从 ZPO 中将关于仲裁程序的规定提炼出来形成一部独立的《仲裁程序法》或《仲裁法》。因此，谈及德国"仲裁程序法"时，即指 ZPO 第十编的规定。

在中国，1994 年的《中华人民共和国仲裁法》在仲裁事业发展中发挥了重要的积极作用。30 年后，随着国内、国际仲裁行业的发展变化，中国

[①] Zivilprozessordnung, in: https://www.gesetze-im-internet.de/zpo/index.html, letzter Aufruf am 12. 03. 2024.

仲裁法的滞后性渐显，需要进行现代化改革。2021年7月30日，司法部公布了《中华人民共和国仲裁法（修订）（征求意见稿）》（以下简称《征求意见稿》）。

《征求意见稿》出台后，在实务界、学术界反响热烈。近来，跟进关注到德国仲裁立法现代改革的新动向。作为传统大陆法系国家，德国方案对中国当下的仲裁修法及未来进一步的完善具有启示作用。

一、德国仲裁立法现代化改革方案的新动向

（一）2023年德国仲裁立法现代化改革纲要

2023年4月18日，德国联邦司法部公布了《联邦司法部关于德国仲裁程序法现代化的纲要》（Eckpunkte des Bundesministeriums der Justiz zur Modernisierung des deutschen Schiedsverfahrensrechts）（以下简称《纲要》）。[①]《纲要》从"改革目标"、"仲裁程序法的发展"、"改革要点"及"其他可能的改革对象"四大方面阐述了现代化改革方案。关于《纲要》的内容，值得关注的是"改革目标"与"改革要点"。

针对"改革目标"，《纲要》指出，德国仲裁程序法在全面修改后经过约25年的发展，需要就此法律领域进行适当的、与时俱进的具体调整，以提升其现代化，并提高其效率，从而实现进一步增强德国作为仲裁地之吸引力的目标。[②]《纲要》肯定了1997年改革的成果，在此基础上，对标新时期的需要，进一步推进现代化改革，期望通过此轮现代化改革达到提升德国仲裁程序法效率、提高德国作为仲裁地的国际竞争力的目标。

《纲要》列出了12个方面的改革要点：（1）尽量不偏离2006年版

[①] Modernisierung des deutschen Schiedsverfahrensrechts, in: https://www.bmj.de/SharedDocs/Gesetzgebungsverfahren/DE/2023_Modernisierung_Schiedsverfahrensrecht.html?nn=110490, letzter Aufruf am 12.03.2024.

[②] Eckpunkte des Bundesministeriums der Justiz zur Modernisierung des deutschen Schiedsverfahrensrechts, S. 1, in: https://www.bmj.de/SharedDocs/Downloads/DE/Gesetzgebung/Eckpunkte/Eckpunkte_Schiedverfahrensrecht.pdf?__blob=publicationFile&v=5, letzter Aufruf am 12.03.2024.

UNCITRAL Model Law①第 7 条第Ⅱ选项，针对仲裁协议的订立，不再严格划一地规定形式要件，拟恢复存续至 1997 年 12 月 31 日时的法律状况（即 1997 年修订前的旧 ZPO 第 1027 条第 2 款）②；（2）由于多方仲裁案件日益增多，拟制定相关任命规则及指定程序，以促进德国仲裁程序法可以胜任此类案件；（3）拟消除对积极的仲裁庭自裁管辖权决定与消极的仲裁庭自裁管辖权决定的不平等待遇③；（4）拟对通过"视频会议"方式进行的开庭予以法律保护，推进仲裁程序法的数字化立法进程；（5）为提高仲裁透明度，拟在当事方同意时，在法律上允许仲裁庭公布仲裁裁决；（6）为提高效率，拟创设法律先决条件，使得可以用英语提交仲裁相关文件，包括依 ZPO 第 1050 条④对司法取证

---

① 联合国国际贸易法委员会（United Nations Commission on International Trade Law，UNCITRAL），in: https://uncitral.un.org/, visited on 12th Mar. 2024；《联合国贸易法委员会国际商事仲裁示范法》（UNCITRAL Model Law on International Commercial Arbitration，UNCITRAL Model Law），in: https://uncitral.un.org/en/texts/arbitration/modellaw/commercial_arbitration, visited on 12th Mar. 2024。

② 1997 年 12 月的《仲裁程序修订法》（Gesetz zur Neuregelung des Schiedsverfahrensrechts）自 1998 年 1 月 1 日起生效，对 ZPO 第十编进行了修订。关于"仲裁协议的形式要件"，对旧法进行了修改。依旧 ZPO 第 1027 条第 2 款，若当事双方是完全意义上的商人，那么仲裁协议对双方都构成一种商人行为，则不必适用该条第 1 款所规定的较为严格的形式要件（书面形式）；而依据 1997 年修订后的新 ZPO 第 1031 条，则不再针对商人之间签订的仲裁协议加以区别对待。详见孙珺：《德国仲裁立法改革》，载《外国法译评》1999 年第 1 期，第 84-85 页。

③ 依现行 ZPO 第 1040 条第 3 款第 1、2 句的规定，只有仲裁庭通过中间裁决肯定自身具有管辖权时，各方才可在一定期限内申请司法审查。如果仲裁庭的中间裁决否定了自身的管辖权，则无法以仲裁庭确有管辖权为由申请司法审查。ZPO 第 1040 条第 3 款德文规定："Hält das Schiedsgericht sich für zuständig, so entscheidet es über eine Rüge nach Absatz 2 in der Regel durch Zwischenentscheid. In diesem Fall kann jede Partei innerhalb eines Monats nach schriftlicher Mitteilung des Entscheids eine gerichtliche Entscheidung beantragen. Während ein solcher Antrag anhängig ist, kann das Schiedsgericht das schiedsrichterliche Verfahren fortsetzen und einen Schiedsspruch erlassen.", in: https://www.gesetze-im-internet.de/zpo/__1040.html, letzter Aufruf am 12. 03. 2024。

④ ZPO 第 1050 条德文规定："Das Schiedsgericht oder eine Partei mit Zustimmung des Schiedsgerichts kann bei Gericht Unterstützung bei der Beweisaufnahme oder die Vornahme sonstiger richterlicher Handlungen, zu denen das Schiedsgericht nicht befugt ist, beantragen. Das Gericht erledigt den Antrag, sofern es ihn nicht für unzulässig hält, nach seinen für die Beweisaufnahme oder die sonstige richterliche Handlung geltenden Verfahrensvorschriften. Die Schiedsrichter sind berechtigt, an einer gerichtlichen Beweisaufnahme teilzunehmen und Fragen zu stellen.", in: https://www.gesetze-im-internet.de/zpo/__1050.html, letzter Aufruf am 12. 03. 2024。

或对其他司法行为的履行具有重要意义的文件;(7)拟为那些引入商事法庭的各州各地区提供法律可能性,在当事方同意的情形下,使得在商事法庭进行的程序可完全使用英语,以提高德国作为仲裁地的国际化开放程度;(8)为提升仲裁的公正性及法治属性,拟在特定前提下引入特别法律救济,助力撤销诸如通过贿赂或不公正司法所获得的最终生效的国内仲裁裁决;(9)即便仲裁地在国外,拟使在国内也可对仲裁临时措施的执行获得司法授权,以提升仲裁临时措施的流通性;(10)为提高诉讼的经济性,针对依 ZPO 第 1032 条第 2 款[①]提出的确定仲裁可否受理的申请,拟进行法律规定,使法院可与前述确定申请相关联、同时也可针对仲裁协议的存在或有效性进行裁定;(11)为加强撤销与执行程序的同步性,在法院依 ZPO 第 1060 条第 2 款[②]第 1 句在撤销仲裁裁决的情形下驳回执行申请时,拟一方面使法院在适当情况下依 ZPO 第 1059 条第 4 款[③]按当事一方的申请可将该事项发回仲裁庭,另一方面在撤销仲裁裁决有疑问的情况下依 ZPO 第 1059 条第 5 款[④]就争议标的使得仲裁协议得

[①] ZPO 第 1032 条第 2 款德文规定:"Bei Gericht kann bis zur Bildung des Schiedsgerichts Antrag auf Feststellung der Zulässigkeit oder Unzulässigkeit eines schiedsrichterlichen Verfahrens gestellt werden.", in: https://www.gesetze-im-internet.de/zpo/__1032.html, letzter Aufruf am 12.03.2024。

[②] ZPO 第 1060 条第 2 款德文规定:"Der Antrag auf Vollstreckbarerklärung ist unter Aufhebung des Schiedsspruchs abzulehnen, wenn einer der in § 1059 Abs. 2 bezeichneten Aufhebungsgründe vorliegt. Aufhebungsgründe sind nicht zu berücksichtigen, soweit im Zeitpunkt der Zustellung des Antrags auf Vollstreckbarerklärung ein auf sie gestützter Aufhebungsantrag rechtskräftig abgewiesen ist. Aufhebungsgründe nach § 1059 Abs. 2 Nr. 1 sind auch dann nicht zu berücksichtigen, wenn die in § 1059 Abs. 3 bestimmten Fristen abgelaufen sind, ohne dass der Antragsgegner einen Antrag auf Aufhebung des Schiedsspruchs gestellt hat.", in: https://www.gesetze-im-internet.de/zpo/__1060.html, letzter Aufruf am 12.03.2024。

[③] ZPO 第 1059 条第 4 款德文规定:"Ist die Aufhebung beantragt worden, so kann das Gericht in geeigneten Fällen auf Antrag einer Partei unter Aufhebung des Schiedsspruchs die Sache an das Schiedsgericht zurückverweisen.", in: https://www.gesetze-im-internet.de/zpo/__1059.html, letzter Aufruf am 12.03.2024。

[④] ZPO 第 1059 条第 5 款德文规定:"Die Aufhebung des Schiedsspruchs hat im Zweifel zur Folge, dass wegen des Streitgegenstandes die Schiedsvereinbarung wiederauflebt.", in: https://www.gesetze-im-internet.de/zpo/__1059.html, letzter Aufruf am 12.03.2024。

以重启；（12）拟将民事审判庭主席的特殊权限，即依 ZPO 第 1063 条第 3 款[①]第 1 句在未事先咨询被申请方的情形下可下达一定的命令，明确限于在紧急情况下的命令。[②] 总体而言，拟进行的修法旨在进一步增强德国作为仲裁地的吸引力，进行适当的现代化革新，无须大修重构。可见，在 1997 年德国仲裁立法改革后，经长期实践检验，当时立法者对新法稳定性及可行性的期许的确得以实现。

（二）2024 年德国仲裁立法现代化改革提案

2024 年 2 月 1 日，德国联邦司法部公布了《仲裁程序法现代化法草案》（Entwurf eines Gesetzes zur Modernisierung des Schiedsverfahrensrechts）（以下简称《草案》）文件。[③]《草案》文件共 59 页，包含对此次现代化改革提案的"说明概要"（第 1–2 页）、《草案》的"具体内容"（第 3–10 页）与"理由论证"（第 11–59 页）。[④] 第一部分，"说明概要"。从"问题与目标"、"解决方案"、"替代方案"（该点项下无内容）、"无履行成本的预算支出"（该点项下无内容）、"履行成本"、"其他费用"六大点分别进行说明。第二部分，"具体内容"。呈现《草案》完整内容，即"民事诉讼法修正案"（第 1 条）（第 3–8 页）、"关于引入《民

[①] ZPO 第 1063 条第 3 款德文规定："Der Vorsitzende des Zivilsenats kann ohne vorherige Anhörung des Gegners anordnen, dass der Antragsteller bis zur Entscheidung über den Antrag die Zwangsvollstreckung aus dem Schiedsspruch betreiben oder die vorläufige oder sichernde Maßnahme des Schiedsgerichts nach § 1041 vollziehen darf. Die Zwangsvollstreckung aus dem Schiedsspruch darf nicht über Maßnahmen zur Sicherung hinausgehen. Der Antragsgegner ist befugt, die Zwangsvollstreckung durch Leistung einer Sicherheit in Höhe des Betrages, wegen dessen der Antragsteller vollstrecken kann, abzuwenden.", in: https://www.gesetze-im-internet.de/zpo/__1063.html, letzter Aufruf am 12. 03. 2024。

[②] Eckpunkte des Bundesministeriums der Justiz zur Modernisierung des deutschen Schiedsverfahrensrechts, S. 2–5, in: https://www.bmj.de/SharedDocs/Downloads/DE/Gesetzgebung/Eckpunkte/Eckpunkte_Schiedverfahrensrecht.pdf?__blob=publicationFile&v=5, letzter Aufruf am 12. 03. 2024。

[③] Modernisierung des deutschen Schiedsverfahrensrechts, in: https://www.bmj.de/SharedDocs/Gesetzgebungsverfahren/DE/2023_Modernisierung_Schiedsverfahrensrecht.html?nn=110490, letzter Aufruf am 12. 03. 2024。

[④] Referentenentwurf des Bundesministeriums der Justiz: Entwurf eines Gesetzes zur Modernisierung des Schiedsverfahrensrechts, in: https://www.bmj.de/SharedDocs/Downloads/DE/Gesetzgebung/RefE/RefE_Modernisierung_Schiedsverfahrensrecht_2024.pdf?__blob=publicationFile&v=1, letzter Aufruf am 12. 03. 2024。

事诉讼法》的法案修正案"（第2条）（第8—9页）、"诉讼费用法修正案"（第3条）（第9页）、"司法报酬与赔偿法修正案"（第4条）（第9页）、"生效"（第5条）（第10页），共计五大条。第三部分，"理由论证"。分为"总论部分"（第11—22页）、"分论部分"第22—59页），共计两大部分。首先，分类针对拟修订内容进行论证；其次，针对拟修订条文依序论证。德国联邦司法部公布《草案》文件时指出，本次现代化改革宗旨在于适应程序法的数字化发展以及国际与国内商事仲裁的各种发展。

此外，关于拟进行的现代化改革所涉及的较为重大的修改，在2023年4月18日德国联邦司法部发布第26/2023号新闻稿（Pressemitteilung Nr. 26/2023）公布《纲要》①时已提及，并在2024年2月1日公布《草案》文件②时重申，即涉及"商事仲裁协议的形式自由""提高透明度并促进法律培训""加强程序法的数字化""在国家司法程序中推广英语"四大方面。

二、综论德国仲裁立法现代化改革方案

在德国，ZPO第十编自1877年起生效，分别在1930年与1986年进行过两次小改革。总体而言，在直至1997年的一百多年里，针对仲裁程序法，基本上无实质性改革。尽管前民主德国于1975年制定的仲裁法比ZPO第十编较为先进些，然而在两德统一后，法律统一化措施结束了其历史使命，在1990年之后不再适用。③

在20世纪70、80年代时，随着国际经贸逐渐呈现全球化发展趋势，国际商事仲裁也进入蓬勃发展阶段。在推进商事仲裁国内立法国际统一协调方面UNCITRAL发挥着重要作用。1976年，UNCITRAL综合考虑发达国家与发展中国家的经济发展、法律文化等因素，颁布符合国际经贸趋势、与时俱进的仲

---

① Modernisierung des deutschen Schiedsverfahrensrechts: Bundesjustizminister legt Vorschläge vor, in: https://www.bmj.de/SharedDocs/Pressemitteilungen/DE/2023/0418_Modernisierung_Schiedsverfahrensrecht.html, letzter Aufruf am 12.03.2024.

② Modernisierung des deutschen Schiedsverfahrensrechts, in: https://www.bmj.de/SharedDocs/Gesetzgebungsverfahren/DE/2023_Modernisierung_Schiedsverfahrensrecht.html?nn=17134, letzter Aufruf am 12.03.2024.

③ 孙珺:《德国仲裁立法改革》，载《外国法译评》1999年第1期，第78页。

裁规则。自 1978 年起，在 UNCITRAL 的推动下，经过 7 年左右的广泛探讨及深入准备，UNCITRAL Model Law 于 1985 年应运而生。UNCITRAL Model Law 兼顾了不同法系的制度、不同地区的经济发展、不同法域的企业需求，为各国及地区进行现代仲裁立法提供了指引，促进了国际商事仲裁在全球层面的发展。

显然，当时的德国，在仲裁现代化立法方面，已落后于国际层面的发展，这不利于德国在国际仲裁服务市场参与竞争。20 世纪 80 年代末，为了适应国际仲裁的新发展并提高本国在国际仲裁服务市场的竞争力，德国仲裁学界与实务界呼吁仲裁立法改革之声日趋强烈。

1991 年 10 月至 1997 年 12 月，在 6 年左右的时间里，德国组建了"仲裁程序法革新委员会"（Kommission zur Neuordnung des Schiedsverfahrensrechts），针对仲裁程序法的修订进行了广泛讨论，出台了《仲裁程序修订法》（Gesetz zur Neuregelung des Schiedsverfahrensrechts）[①]，以修订 ZPO 第十编。该法自 1998 年 1 月 1 日起生效。修订后的 ZPO 第十编在篇幅上多了 10 条规定，共计 42 条，分成 10 个部分，而修订前的 ZPO 第十编共计 32 条，没有分章节等。在 1997 年仲裁立法改革后，德国仲裁程序法依旧被放在 ZPO 第十编中，虽延续了无形式意义上的《仲裁程序法》或《仲裁法》之传统，但相关规定也自成一体，形成了一部实质意义上的、独立的仲裁程序法。1997 年的改革成果在德国获得了各界的称赞，具有里程碑的意义。

进入 21 世纪，随着仲裁行业与科学技术的新发展，德国为了进一步增强其作为仲裁地的吸引力，适时推进本国仲裁立法的现代化革新，分别于 2023 年 4 月、2024 年 2 月相继出台《纲要》及《草案》。如前所述，德国联邦司法部公布《草案》文件时指出，计划中的仲裁现代化改革无意大修重构，着重从"商事仲裁协议的形式自由""提高透明度并促进法律培训""加强程序法的数字化""在国家司法程序中推广英语"四大方面进行革新，以适应程序法的数字化发展以及国际与国内商事仲裁的各种发展。

综观 20 世纪末、21 世纪德国仲裁立法现代化改革方案，其增强本国在国际仲裁服务市场上竞争力的意图始终贯彻。因此，改革方案的基调呈现为"与国际接轨""以当事方为中心"。

---

① BGBl. I S. 3224 ff（《联邦法律公报》，1997 年第 1 卷第 88 号，第 3224 页及以下）。

（一）与国际接轨

在德国，关于仲裁立法改革应当以 UNCITRAL Model Law 为范本这一点，从一开始就达成了共识。①1997 年，在修订理由说明中，专门论证了改革的方针，认为 UNCITRAL Model Law 既无与当时有效法律的根本不一致之处，也无与德国所理解仲裁制度的本质不相容之处。②因此，德国立法者在将 UNCITRAL Model Law 纳入德国国内法的过程中尽量忠实于原文。无论是在 ZPO 第十编的体例结构上，还是在条文规定的具体内容上，都采纳了 UNCITRAL Model Law。③

从德国联邦司法部 2023 年 4 月及 2024 年 2 月公布的改革文件看，官方肯定了 1997 年里程碑式改革的成效，并指出本次拟进行的现代化改革的关键点之一是国际化。关于采纳 UNCITRAL Model Law 与国际接轨，在承继 1997 年里程碑式改革成果的同时，进一步落实 2006 年版 UNCITRAL Model Law 第 7 条第 II 选项关于商事仲裁协议形式自由的规定，拟恢复旧法中的可取之处。特别是在法院执行仲裁庭采取的临时措施方面，要与 2006 年版 UNCITRAL Model Law 保持一致。此外，对国际通用语言英语的使用呈现出较高的开放度。

（二）以当事方为中心

德国 1997 年仲裁立法改革在与国际接轨的同时，充分尊重当事方意思自治，重视具体制度规范的灵活性，有利于促进具备不同法律文化背景的当事方选择德国为仲裁地。

从德国联邦司法部分别于 2023 年 4 月、2024 年 2 月发布的《纲要》及《草案》来看，德国仲裁立法现代改革立足于适当革新，以适应世界新形势、

---

① K. P. Berger, Das neue deutsche Schiedsverfahrensrecht, in: DZWir 1998, Heft 2, S. 46; G. Lörcher, Schiedsgerichtsbarkeit: Übernahme des UNCITRAL-Modellgezetzes? In: ZRP 1987, S. 232.

② "Auch enthält das Modellgesetz keine grundlegenden Abweichungen vom geltenden – teilweise ungeschriebenen – Recht, die mit dem deutschen Verständnis vom Wesen der Schiedsgerichtsbarkeit unvereinbar wären." S. BT-Drucks. 13/5274 vom 12. 07.1996, S. 24.

③ K. Möller, Deutsche Institution für Schiedsgerichtsbarkeit e. V.（DIS）stellt das künftige neue Schiedsverfahrensrecht vor（Mitteilungen）, in: IPRax 1997, Heft 5, S. 377; F. B. Weigand, Das neue deutsche Schiedsverfahrensrecht: Umsetzung des UNCITRAL-Modellgesetzes, in: WiB 1997, Heft 24, S. 1274.

科技新发展的需要，同时注重当事方意思自治这一商事仲裁的核心价值。关于仲裁裁决的公布，顺应现实的发展趋势，在尊重当事方意思自治的基础上，适当突破以保密为根本原则、以公开为例外情形的商事仲裁传统，拟在当事方同意时，在法律上允许仲裁庭公布仲裁裁决，审慎地处理了仲裁规则与仲裁法、任意性规范与强制性规范之间的关系，准确地把握了当事方意思自治这一商事仲裁的核心价值。

三、德国仲裁立法现代化改革方案对中国的启示

为了适应当时国际仲裁发展的新趋势，1997 年德国里程碑式的仲裁立法改革大胆地废弃了落伍的规定，遵循了与国际接轨、提高德国在国际商事仲裁领域竞争力的宗旨，为在德国进行的国内、国际仲裁程序提供了一套统一完备且兼具灵活性、稳定性与可行性的法律依据。同时，立法者给予了争议当事方充分的自由裁量空间，在 ZPO 第十编第 5 部分"仲裁程序的实施"（Durchführung des schiedsrichterlichen Verfahrens）起首第 1042 条"一般性程序规则"（Allgemeine Verfahrensregeln）的第 3、4 款中明确规定："（3）此外，在遵守本编强制性规范的前提下，当事方可自行规定程序规则或援引适用某个仲裁程序规则。（4）若当事方没有约定且本编没有规定，则由仲裁庭通过自由裁量来确定程序规则。"[1] 该规定在 2023 年 4 月及 2024 年 2 月公布的改革方案中维持不变。[2] 这一立法技术充分体现了立法者对当事方意思自治这一商

---

[1] ZPO 第 1042 条第 3、4 款德文规定："（3）Im Übrigen können die Parteien vorbehaltlich der zwingenden Vorschriften dieses Buches das Verfahren selbst oder durch Bezugnahme auf eine schiedsrichterliche Verfahrensordnung regeln. （4）Soweit eine Vereinbarung der Parteien nicht vorliegt und dieses Buch keine Regelung enthält, werden die Verfahrensregeln vom Schiedsgericht nach freiem Ermessen bestimmt. Das Schiedsgericht ist berechtigt, über die Zulässigkeit einer Beweiserhebung zu entscheiden, diese durchzuführen und das Ergebnis frei zu würdigen.", in: https://www.gesetze-im-internet.de/zpo/__1042.html, letzter Aufruf am 12.03.2024.

[2] Synopse zum Entwurf eines Gesetzes zur Modernisierung des Schiedsverfahrensrechts des Bundesministerums der Justiz, S. 2, in: https://www.bmj.de/SharedDocs/Gesetzgebungsverfahren/DE/2023_Modernisierung_Schiedsverfahrensrecht.html?nn=17134, https://www.bmj.de/SharedDocs/Downloads/DE/Gesetzgebung/Synopse/Synopse_Modernisierung_Schiedsverfahrensrecht_RefE.pdf?__blob=publicationFile&v=2, letzter Aufruf am 12.03.2024.

事仲裁核心价值的重视以及对仲裁规则与仲裁法、任意性规范与强制性规范之间关系的把握。

在关于中国仲裁市场竞争法律制度的研究中，曾有学者从三个方面分析了造成仲裁服务市场竞争制度困境的原因，即科学民主法制理念欠缺、立法技术欠科学以及私利泛滥，进而指出了应当从树立私法性程序法的仲裁立法理念、移出制定法中大量涉及仲裁机构规则的内容、科学合理地修订并规范仲裁员任职条件及行为规范的规定等方面进行完善，以实现仲裁更深层次"去行政化"与更充分"市场化"的目标，从而增强仲裁服务的竞争力、改善仲裁行业的风气、提高仲裁的公信力。[1] 就立法而言，与时俱进的立法意愿、符合相关法律领域的立法理念以及科学的立法技术都是不可或缺的。科学、审慎地进行立法改革，对于仲裁行业的发展以及仲裁制度的构建与完善是至关重要的。作为传统大陆法系国家，德国 27 年前进行的以及目前拟进行的仲裁立法现代化改革方案，对当下中国仲裁修法及未来进一步的完善具有启示作用。中国的仲裁立法现代化改革可以借鉴德国的经验，一方面"采纳国际范本"，以提升中国作为仲裁地在国际上的吸引力；另一方面"尊重当事方意思自治"，在立法技术上审慎处理好仲裁规则与仲裁法、任意性规范与强制性规范之间的关系。

（一）采纳国际范本

1985 年 UNCITRAL Model Law 的宗旨在于协调统一各国国内调整国际商事仲裁的法律，其制定坚守如下信念，即所制定出来的仲裁示范法对于有着不同法律、社会和经济制度的国家而言都是可接受的，从而有助于发展和谐的国际经济关系。[2] 基于上述宗旨与信念而制定的 UNCITRAL Model Law 注重了大陆法系和英美法系相关制度的融合。就法律性质而言，UNCITRAL

---

[1] 张圣翠：《我国仲裁市场竞争法律制度的困境与突破》，载《政治与法律》2015 年第 7 期，第 98-102 页。

[2] UN General Assembly Resolution 40/72（11. December 1985）, p. vii: "Convinced that the establishment of a model law on arbitration that is acceptable to States with different legal, social and economic systems contributes to the development of harmonious international economic relations", in: https://uncitral.un.org/sites/uncitral.un.org/files/media-documents/uncitral/en/19-09955_e_ebook.pdf, visited on 12th Mar. 2024.

Model Law 既不是国际条约，也不是国内立法，只是示范性法律文件，不具有强制法律拘束力，仅供各国在制定或修改本国仲裁法时自愿采纳，且可酌情修改、调整。已有超过 80 个国家、100 个法域采纳了 UNCITRAL Model Law，属于《示范法》国家或地区。UNCITRAL Model Law 已成为规范国际商事仲裁的范本。目前，中国香港地区属于《示范法》法域，但中国还不是《示范法》国家。

在仲裁立法现代化进程中，作为传统大陆法系国家的德国于 1997 年采纳了 UNCITRAL Model Law，进行了里程碑式的改革，目前拟进行的改革维系不偏离 UNCITRAL Model Law 的做法。德国仲裁立法现代化改革方案对中国仲裁修法及未来进一步的完善具有启示作用。无论是立足于提升国际竞争力，还是着眼于改善国内营商环境，中国都没有理由不与国际接轨。采纳 UNCITRAL Model Law，一方面，有利于国际协同发展；另一方面，有利于提升中国作为仲裁地在国际上的吸引力。

（二）尊重当事方意思自治

如前所述，从德国 ZPO 第十编第 1042 条"一般性程序规则"的相关规定可以看出，立法者尊重当事方意思自治，较好地处理了仲裁规则与仲裁法、任意性规范与强制性规范之间的关系。分析其立法意图，可见其在处理相互关系时如下的清晰思路：首先，不能违反 ZPO 第十编中的强制性规范；其次，要遵循当事方的约定；再次，依照法律中的任意性规范；最后，才考虑由仲裁员或仲裁庭进行自由裁量。[①] 换言之，只要当事方的约定以及当事方选定的其他仲裁规则不违反 ZPO 第十编中的强制性规范，那么法律中的任意性规范不得限制相关约定及仲裁规则。

2021 年《征求意见稿》第 95 条规定："仲裁规则应当依照本法制定。"该条规定使用了"应当"这一措辞，难免被理解为应当以仲裁法为准，有可能挤压当事方约定或共同选择仲裁规则的空间。仲裁具有民间性，尤其是商事仲裁的基础在于争议当事方达成的合意，应尊重当事方意思自治。各仲裁机构的仲裁规则是供争议当事方选择的程序指引，而一国仲裁法的主要功能在

---

① BT-Drucks. 13/5275（德国《联邦议院公报》第 13/5274 号），第 46—47 页。

于维护程序正义，仅需对仲裁加以必要规范及适度监督，不宜褫夺争议当事方通过约定、仲裁机构通过仲裁规则来规范仲裁程序的功能。仲裁法只应基于对程序正义的保障规范最重要的基本原则、根本规则，起到拾遗补阙的作用，不必过多、过细规范仲裁程序。《征求意见稿》第四章从第29条到第76条，用了48条的篇幅对仲裁程序进行了规定，过于具体、详细。很多程序性规定可以留白，交由当事人来约定，或交由各仲裁机构的仲裁规则来确定。德国ZPO第1042条通过"一般性程序规则"的规定理顺仲裁规则与仲裁法、任意性规范与强制性规范之间关系的立法技术具有启示作用，可供中国当下的仲裁修法及未来进一步的完善借鉴。以当事方合意为基础的仲裁应当尊重当事方意思自治，国家立法应当区分任意性规范与强制性规范，尽量以谦抑性原则为基础，只有在必不可少的、必须进行强制性规范的情形下，才进行科学的设计，制定必要的强制性规定。

结语

在国际商事仲裁中，基于当事方意思自治原则，争议当事方拥有自行约定仲裁程序或选择相关仲裁机构的仲裁规则的自由。很多国家的仲裁立法都明确认可了当事方享有的程序自治权。依据UNCITRAL Model Law第2条（d）项[①]，当事方可自由决定将其争端交由任何仲裁机构解决。在采纳UNCITRAL Model Law的国家中，相关仲裁立法都有类似规定。实践中，当事方会行使其程序自治权，选择特定仲裁机构的仲裁规则，将其纳入仲裁协议。在对待当事方程序自治权方面，主要机构的仲裁规则与UNCITRAL Model Law以及相关《示范法》国家的仲裁立法是平行的、相辅相成的，允许当事方协议选择程序规则。例如：具有代表性的UNCITRAL Arbitration Rules充分尊重当事方意思自治，允许当事方在选用其仲裁规则时对UNCITRAL Arbitration

---

[①] 该条款英文全文如下："For the purposes of this Law: (d) where a provision of this Law, except article 28, leaves the parties free to determine a certain issue, such freedom includes the right of the parties to authorize a third party, including an institution, to make that determination.", UNCITRAL Model Law on International Commercial Arbitration 1985 With amendments as adopted in 2006, in: https://uncitral.un.org/sites/uncitral.un.org/files/media-documents/uncitral/en/19-09955_e_ebook.pdf, visited on 12th Mar. 2024.

Rules 本身加以修改。① 尤其值得注意的是，与某些机构的仲裁规则不同，UNCITRAL Arbitration Rules 的条款不包含任何当事方无法通过协议减损的强制性程序规范。②

无论是从理论界还是从实务界来看，"当事方中心理念"逐渐在仲裁行业内成为共识。中国当下的仲裁修法及未来进一步的完善，如果可以采纳 UNCITRAL Model Law，充分尊重当事方意思自治，审慎处理仲裁规则与仲裁法、任意性规范与强制性规范之间的关系，可以优化中国的仲裁制度，从而更有效地提升中国作为仲裁地在国际上的吸引力。

德国 27 年前里程碑式的仲裁立法现代化改革以及目前推进的仲裁立法现代化革新，具有启示作用，可供中国参考。中国当下的仲裁修法及未来进一步的完善，可从德国既有改革成果及目前改革方案中适当借鉴，以期进行较为彻底、合理的改革，争取在中国仲裁立法现代化改革的科学性、国际性、前瞻性等方面有较大突破，为中国的仲裁事业提供较具稳定性及可行性的法律环境。

---

① 见第 1 条第 1 款，该条款英文全文如下："Where parties have agreed that disputes between them in respect of a defined legal relationship, whether contractual or not, shall be referred to arbitration under the UNCITRAL Arbitration Rules, then such disputes shall be settled in accordance with these Rules subject to such modification as the parties may agree.", UNCITRAL Arbitration Rules (with new article 1, paragraph 4, as adopted in 2013), in: https://uncitral.un.org/sites/uncitral.un.org/files/media-documents/uncitral/en/uncitral-arbitration-rules-2013-e.pdf, visited on 12th Mar. 2024。

② Gary B. Born, International Commercial Arbitration, Second Edition, Volume II International Arbitral Procedures, Kluwer Law International 2014, pp. 2136-2138.

我国商事仲裁中仲裁庭调查取证的可行路径

王晓鑫[*]

● 摘 要

商事仲裁目前已成为诉讼外重要的争议解决方式之一，近年来全国仲裁机构受理商事仲裁案件的数量及标的额持续增长，案件类型的范围也随之扩大。随着商事案件数量及类型持续增长，复杂的商事案件也越来越多，大量案件中存在举证困难、需仲裁庭调查取证的情况。根据笔者的实务经验，我国商事仲裁实务中往往存在仲裁庭作出的"协助调查函"无强制力的情形，加之公众及各单位企业对商事仲裁的认识、配合程度不足，往往会影响到调查取证的结果。本文将探讨商事仲裁程序中仲裁庭调查取证的权力基础、可能方式及范围，并试图对比各仲裁机构规则的规定、不同地区相关制度的内容、相关实践经验。最后本文将结合上海市闵行区人民法院办理的首例法院依仲裁机构申请开具调查令案件，探究商事仲裁程序中仲裁庭调查取证可行的路径。

● 关键词

商事仲裁 调查取证 仲裁庭 强制力 调查令

---

[*] 王晓鑫，中国铝业股份有限公司法律合规部高级业务经理（原北京仲裁委员会/北京国际仲裁中心高级顾问）。本文系2023首届高端涉外法治人才培训课程的结业论文。

Abstract: Commercial arbitration has become one of the most important methods for dispute resolution besides litigation. In recent years, the number and total amount of commercial arbitration cases accepted by arbitration institutions across the country have continued to increase, and the types of cases accepted have also expanded. As the number and types of commercial cases continue to soar, the number of complicated commercial cases increases as well. In many cases, it is difficult to produce evidence, which requires the arbitration tribunal to conduct investigations and collect evidence. Based on the author's experience, in the practice of Chinese commercial arbitration, the "Letter of Assistance to Investigation" issued by the arbitration tribunal is often not enforceable. In addition, the public and enterprises often lack sufficient understanding and cooperation with commercial arbitration, the results of investigation and evidence collection will often be affected. This article will discuss the power base of investigation and evidence collection by the arbitration tribunal in commercial arbitration, possible methods and the scope of investigation and evidence collection, and try to compare and contrast the rules of each arbitration institution, relevant rules in different regions, and related practices. Finally, based on the first case in which the Minhang District People's Court of Shanghai issued an investigation order upon an application by an arbitration institution, this article will discuss possible methods of investigation and evidence collection by arbitration tribunals in commercial arbitration.

Key Words: Commercial Arbitration, Investigation and Evidence Collection, Arbitration Tribunal, Investigation Order, Judicial Assistance

一、引言

随着近年来全国仲裁机构受理商事仲裁案件的数量及标的额持续增长，商事仲裁目前已成为诉讼外重要的争议解决方式之一，随之而来复杂的商事案件也越来越多，大量案件中往往涉及当事人举证困难、需仲裁庭调查取证的情况。仲裁庭需依据参与仲裁的各方当事人提交的证据审理案件并作出裁决，证据直接关乎仲裁庭查明案件的基本事实，亦直接影响仲裁案件结果的公正性，因此商事仲裁庭证据收集制度的重要性不言自明。对于当事人自行收集证据部分，目前商事仲裁程序中并无明显的障碍，但对于当事人无法收集，需要由仲裁庭调取的证据往往存在一定障碍。商事仲裁本质上与民事诉讼存在根本性差异，仲裁本身具有民间性、尊重当事人意思自治等特点，而缺乏审判机关与生俱来的强制力，仲裁庭审理案件作出的任何程序安排仅能对双方当事人有约束力，仲裁庭的审理范围当然受到仲裁协议范围的限制，基于此，仲裁庭往往在以下几种情形下调查取证严重受限：（1）当事人需要向相关单位调取证据；（2）申请证人出庭作证。碍于仲裁庭的调查函无法对案外人施以强制力，仲裁庭往往在无法调取关键证据时通过举证责任的划分来平衡案件结果，这一思路对于处理一些对认定事实极为关键的证据效果较为有限，结合笔者曾经办的一例委托炒股案件来说明：申请人委托被申请人代其使用一定金额的资金用申请人的账户进行交易，被申请人承诺对损失承担全部赔偿责任，申请人主张损失赔偿时，需要就该合同约定的固定时间范围内其资金账户的全部资金往来举证，申请人在立案后去世，依法变更继承人为申请人，在继承人自行举证时遇到证券公司不配合的情况，因为该证据关乎整个案件的走向，仲裁庭作出调查函，希望证券公司可以配合调取其客户账户中的全部流水信息，证券公司以仲裁机构的调查函无司法强制力为由不予配合调取，导致案件缺乏关键证据久拖不决。在类似涉及从金融机构调取案外人相关流水信息的案件中常存在金融机构不予配合的情况，从而导致仲裁案件久拖不决，丧失了仲裁高效的特点。

二、仲裁庭调查取证制度的现状观察

我国目前商事仲裁案件中仲裁庭调查取证主要采用两种方式，一种为仲裁庭为申请调取证据的当事人出具协助调查函，由当事人持函赴证据持有单位调取；另一种为仲裁庭向证据持有单位直接发函或由仲裁机构工作人员持函赴该单位调取。从笔者多年的工作经验来看，采取上述两种方式调取证据均收效甚微。在我国，大多数需要由仲裁庭调取的证据往往保存在行政机关、企事业单位，上述单位经常会以仲裁庭出具的协助调查函或调查函无强制力而不予配合，进而导致部分商事仲裁案件存在事实难以查清、增加当事人举证负担等问题。近年来，随着各地优化营商环境、鼓励支持商事仲裁发展政策的出台，仲裁庭调取证据所面临的困境亦有了进一步的改善。2023年最新修改的《上海市优化营商环境条例》中赋予仲裁机构向法院申请调查令的权利。2023年12月1日，上海市闵行区人民法院作出首例调查令，仲裁庭调取证据困难的问题得到了根本性突破。上海市的做法为仲裁庭调取证据提供了一条可行且有效的路径，本文结合目前我国立法、修法基础，各仲裁机构规则及首例法院依仲裁机构申请开具调查令案件进行分析，以期解决仲裁庭调取证据困难的现状，进一步完善我国商事仲裁证据收集制度。

三、仲裁庭调查取证的理论依据及规则基础

仲裁庭行使调查取证的权力离不开相关法律及仲裁规则的规定，本段笔者将围绕上述规定展开分析，以期找到导致目前仲裁庭调查取证困难的原因。

（一）仲裁法及仲裁规则规定了仲裁庭可以调查取证

《中华人民共和国仲裁法》（以下简称《仲裁法》）第43条规定："当事人应当对自己的主张提供证据。仲裁庭认为有必要收集的证据，可以自行收集。"根据上述法律规定，仲裁庭对于审理案件中认为有必要收集的证据可自行收集，该条文为仲裁庭调取证据的权力依据，而各仲裁机构的仲裁规则中对于仲裁庭调取证据均有更详细的规定：

1.《北京仲裁委员会仲裁规则》第34条[1]规定："仲裁庭自行调查事实、收集证据（一）当事人申请且仲裁庭认为必要，或者当事人虽未申请，但仲裁庭根据案件审理情况认为必要时，仲裁庭可以自行调查事实、收集证据。仲裁庭调查事实、收集证据时，认为有必要通知当事人到场的，应当及时通知。

---

[1] 《北京仲裁委员会仲裁规则》第34条，https://www.bjac.org.cn/page/zc/guize_cn2022.html，最后访问日期：2023年12月10日。

经通知,当事人未到场,不影响仲裁庭调查事实和收集证据。(二)仲裁庭自行收集的证据应当转交当事人,由当事人发表质证意见。"

2.《中国国际经济贸易仲裁委员会仲裁规则》第 43 条[①]规定:"仲裁庭调查取证(一)仲裁庭认为必要时,可以调查事实,收集证据。(二)仲裁庭调查事实、收集证据时,可以通知当事人到场。经通知,一方或双方当事人不到场的,不影响仲裁庭调查事实和收集证据。(三)仲裁庭调查收集的证据,应转交当事人,给予当事人提出意见的机会。"

3.《深圳国际仲裁院仲裁规则》第 44 条[②]规定:"仲裁庭调查(一)仲裁庭认为有必要,或者当事人申请且仲裁庭同意的,仲裁庭可以调查事实、收集证据。(二)仲裁庭现场调查事实、收集证据时,认为有必要通知当事人到场的,应及时通知。当事人经通知不到场的,不影响仲裁庭调查事实和收集证据。(三)仲裁庭调查的有关情况及收集的证据,应告知或转交当事人,并给予当事人提出意见的机会。"

4.《上海仲裁委员会仲裁规则》第 44 条[③]规定:"仲裁庭调查(一)当事人申请且仲裁庭认为必要的,或者当事人虽然未申请,但仲裁庭根据案件审理情况认为确有必要的,仲裁庭可以自行调查事实、收集证据。(二)仲裁庭调查事实、收集证据时,认为有必要通知当事人到场的,应当及时通知。经通知,当事人未到场的,不影响仲裁庭调查事实和收集证据。(三)仲裁庭自行收集的证据应当转交当事人,并征求当事人意见;是否采信当事人意见,由仲裁庭作出决定。"

上述四家仲裁机构分别位于北京、上海、深圳(大湾区),均为我国实施商事仲裁制度的重要区域,根据上述四家仲裁机构仲裁规则中关于调查取证的规定,仲裁庭调查取证的前提条件为仲裁庭认为有必要或当事人申请且仲

[①] 《中国国际经济贸易仲裁委员会仲裁规则》第 43 条,http://www.cietac.org.cn/index.php?m=Page&a=index&id=14,最后访问日期:2023 年 12 月 10 日。

[②] 《深圳国际仲裁院仲裁规则》第 44 条,https://www.scia.com.cn/index.php/Home/index/rule/id/809.html,最后访问日期:2023 年 12 月 17 日。

[③] 《上海仲裁委员会仲裁规则》第 44 条,https://www.accsh.org/story.html?id=6,最后访问日期:2023 年 12 月 10 日。

裁庭认为有必要。根据"谁主张，谁举证"的基本原则，当事人负有就己方主张举证的天然义务，但仲裁案件往往具有一定的复杂性，常会涉及当事人无法自行调取证据的情况，而仲裁庭调查取证的前提应限于上述当事人无法调取的证据。针对需要调取的证据一般仲裁庭会作出调查函或协助调查函，上述仲裁机构的规则均有仲裁庭可以决定通知当事人到场的表述，笔者认为这一内容主要是防止当事人对于仲裁庭调取证据的流程、合法性提出异议，同时根据笔者的办案经验，对于一些难以调取或证据持有者不配合的案件，通知当事人到场也便于让各方了解证据调取难度，以避免当事人对仲裁庭是否尽力调取产生怀疑。

（二）仲裁庭调查取证的规则应当得到细化

纵览上述全部内容，可见各机构除了原则性的规定外，均未对仲裁庭调取证据的申请条件、必要情形、具体流程作出详细的规定，特别是对于仲裁庭应采取何种方式调取证据，亦无相关规定。根据笔者了解，目前大多机构采取仲裁庭发出协助调查函的方式调取证据，往往在仲裁案件中需要调取的证据为当事人无法获取的证据，即证据持有人不配合当事人提交证据，在此情况下证据持有人本身即有对抗情绪，而仲裁庭作出的调查函并无强制力，故会导致仲裁庭难以调取证据，在此情况下，只能由仲裁机构的工作人员即仲裁秘书配合仲裁庭，与证据持有者进行多轮沟通才可能取得证据，商事仲裁原本应具有的高效性将受到影响，且对于仍不配合的当事人仲裁庭依旧束手无策。各仲裁机构的仲裁规则中并非不想细化调查取证的相关规定，抑或是赋予仲裁庭调查函的强制力，碍于现行仲裁法中并无相关规定，且仲裁庭的调查权又严格受到仲裁协议的限制，以至于规则无法细化相关规定。

有学者提出在仲裁机构受理的国际案件中以国际商事仲裁证据"软法"为切入点以解决商事仲裁中调取证据难的问题，该学者提出：在国际商事仲裁案件中，可以参照适用类似于《IBA 国际仲裁取证规则》《ICCA 国际商事仲裁手册》等"软法"中关于仲裁庭调取证据的规定。[1] 笔者认为上述"软法"确

---

[1] 王徽：《论我国国际商事仲裁证据制度的症结及完善——以国际商事仲裁证据"软法"为切入点》，载《上海对外经贸大学学报》2018 年第 4 期。

实是解决仲裁庭调查取证的有效路径之一,结合笔者的办案经验,确实在机构受理的国际案件中可以适用上述"软法",且国际案件的代理人也熟悉上述规定并愿意适用,但该"软法"的规定难以在国内案件中适用,上述仲裁机构的案件构成中仍有大量的国内案件,可见寻找适宜全部商事仲裁案件的调查取证路径仍属必要。

四、商事仲裁中的举证类别及仲裁庭调查取证的必要性论证

关于商事仲裁中证据收集的分类,有学者认为商事仲裁中证据的获取与举证责任有着更为紧密的联系,在商事仲裁程序中,存在仲裁庭、法院、当事人三者之间的互动关系,根据获取证据的主体可分为:1.仲裁庭直接获取的证据;2.法院协助获取的证据;3.当事人自行提供的证据。[①] 笔者亦赞同上述观点,仲裁案件中举证原则为"谁主张,谁举证",各方当事人对己方主张负有举证责任,同时如果存在一方主张所依据的证据根据现有情况可以推断在对方当事人控制下,仲裁庭亦可以根据举证责任划分要求控制证据方举证;对于无法依据上述原则和例外情况取得的证据,仲裁庭有权直接作出协助调查函调取,而对于不配合的证据持有者,应赋予仲裁庭向法院申请调查令的权利,令人欣喜的是2023年已产生法院依据仲裁机构申请作出调查令的首例案件,笔者将在下文展开分析。

《中华人民共和国民事诉讼法》(以下简称《民事诉讼法》)第67条规定:"当事人对自己提出的主张,有责任提供证据。当事人及其诉讼代理人因客观原因不能自行收集的证据,或者人民法院认为审理案件需要的证据,人民法院应当调查收集。人民法院应当按照法定程序,全面地、客观地审查核实证据。"对比上文中仲裁法对于仲裁庭调取证据的规定,可见法院在审理案件有必要时"应当"调查收集,而仲裁庭认为有必要时"可以"自行收集证据,"应当"强调了必然性,而"可以"则赋予了仲裁庭自由裁量权,这也体现在法院依职权调取证据具有强制力,而仲裁庭向当事人外的案外人调取

---

① 汪祖兴:《完善我国仲裁证据制度若干问题思考——以民事诉讼证据制度为参照》,载《诉讼法论丛》2011年第10卷。

证据时并无强制力。仲裁强调民间性，尊重双方当事人的意思自治，仲裁庭对商事仲裁案件的审理权限来自双方当事人达成的仲裁协议，这也将仲裁庭行使调查权仅限于当事人之间，但仲裁案件往往具有一定的复杂性，常会涉及向案外人调取证据的情况，在此情况下原则上应由负有举证义务的当事人向证据持有人调取，但在证据持有人不配合，且仲裁庭又认为该证据对案件审理有重要影响时，仲裁庭可以向案外人调取证据。综上，仲裁庭调取证据的前提应是该证据当事人无法取得，且对案件审理有重大影响，仲裁庭又认为有必要。仲裁庭审理案件认定事实的基础来自证据，如果一个案件缺乏证据，仲裁庭将很难还原案件的事实以至于难以对争议项作出裁决，例如笔者曾办理过一例影视娱乐案件，被申请人因自身行为导致其为申请人拍摄的影片无法通过地方广电局审批并播放，但广电局并未明确作出审批不通过的决定，影片数年无法播出，导致申请人要求被申请人赔偿其损失；经审理仲裁庭认为本案的关键在于地方广电局对于该影片的认定，如果被申请人的行为并未导致影片无法过审，只是因为广电局待审影片过多以致延期，那么被申请人将不应承担赔偿责任，反之，被申请人应依据拍摄合同赔偿申请人的相关损失。而广电局并不向双方提供认定审定的依据，只能由仲裁庭向广电局发函确认。针对上述情形，如果仲裁庭没有相应的调查取证权，将使得该案难以裁决或只能依据申请人证据不足而无法支持申请人的主张，类似情况在商事仲裁案件中常有涉及，可见赋予仲裁庭调查取证的权力是必要的。商事仲裁中调查取证制度在国际仲裁中亦有相关规定，《联合国国际贸易法委员会国际商事仲裁示范法》（以下简称《贸法会示范法》）[①] 第 27 条规定："仲裁庭或一方当事人在仲裁庭同意之下，可以请求本国内的管辖法院协助取证。法院可以在其权限范围内并按照其关于取证的规则执行上述请求。"对比《贸法会示范法》第 5 条 "由本法管辖的事情，任何法院不得干预，除非本法有此规定"。《贸法会示范法》为避免法院的干预特别制定第 5 条，但将法院协

---

① 《联合国国际贸易法委员会国际商事仲裁示范法》（1985 年，2006 年通过修正案），https://uncitral.un.org/sites/uncitral.un.org/files/media-documents/uncitral/zh/19-09954_c_ebook_1.pdf，最后访问日期：2023 年 12 月 26 日。

助取证制度作为特殊规定，可见在国际仲裁中法院协助仲裁庭调查取证制度的重要性。

五、上海市仲裁庭调查取证的成功路径及经验分析

前文提到上海市针对仲裁庭调查取证制度有最新的实践进展，本段将以上海经验为例进行分析。

（一）上海市闵行区人民法院依据上海仲裁委员会申请作出调查令

上海市第十六届人民代表大会常务委员会第八次会议于 2023 年 11 月 22 日通过了《关于修改〈上海市优化营商环境条例〉的决定》，并于 2023 年 12 月 1 日正式施行。根据最新修改的《上海市优化营商环境条例》第 74 条 "本市人民法院建立支持仲裁案件审理开具调查令工作机制" 及《民事诉讼法》第 67 条规定，经上海仲裁委员会申请，上海市闵行区人民法院于 2023 年 12 月 1 日向上海市闵行区自然资源确权登记事务中心作出了"（2023）沪 0112 协仲调 1 号"调查令，其中明确载明 "关于申请人……与被申请人……之（2023）沪仲案字第……号房地产买卖纠纷一案，仲裁庭因客观原因无法取得有关证据。根据《民事诉讼法》第 67 条、《仲裁法》第 43 条规定，经本院许可，现由上海仲裁委员会工作人员……、工作人员……来你处收集、调查证据。请你们在核对持令人姓名、单位无误后，在本调查令有效期内向持令人提供调查令所指定的证据。对本调查令指定调查内容以外的证据，你方有权拒绝提供"。该调查令系首例法院依仲裁机构申请开具调查令案件，有效地改善了因仲裁庭出具的 "协助调查函" 无强制力，往往影响取证效果的情形。根据该调查令内容及上海仲裁委员会相关新闻报道[①]，上述调取证据的仲裁案件系房地产买卖案件，因为案涉标的可能存在抵押、租赁及其他限制交易转让等直接关乎合同能否继续履行的事实，上海仲裁委员会受理案件后拟向相应自然资源确权登记事务中心调取不动产登记簿信息，组庭并经仲裁庭审查，仲裁庭认为确有必要收集相关证据但其自行取证又存在困难，为更好地查明

---

① 《上仲动态｜上海仲裁委员会获得首例协助仲裁机构调查令》，载上海仲裁委员会官网，https://www.accsh.org/news.html?id=1230，最后访问日期：2023 年 12 月 10 日。

事实，维护市场主体的合法权益，上海仲裁委员会遂向人民法院提交协助申请，上海市闵行区人民法院作出该调查令，由上海仲裁委员会工作人员持令赴自然资源确权登记事务中心调取相关证据。该调查令的作出以地方性法规《上海市优化营商环境条例》为基础，可见立法是影响仲裁庭调查取证的重要因素之一，如果有相应的立法基础，经仲裁机构向人民法院申请，取得调查令，将在"强制力"层面弥补由仲裁庭出具"协助调查函"的缺陷。在上述案例作出前已有学者提出了由法院协助仲裁庭举证具有较大的优势，主要体现在法院对第三方的强制力和管辖权方面[①]，避免了仲裁协议对仲裁庭管辖范围的约束。

（二）调查令相较仲裁庭作出的协助调查函具有较大优势

人民法院出具调查令具有强制力的来源为《民事诉讼法》第 70 条规定[②]及第 117 条规定[③]，根据上述规定，仲裁机构向人民法院申请取得的调查令应适用上述规定，在此基础上，仲裁庭调取证据将负有司法强制力，相关单位或个人如果不配合调取，将承担不利后果，仲裁庭调取证据的障碍将消除。可见上海市的做法对于解决仲裁庭调取证据困难的现状无疑是一条可行且有效的路径。

仲裁庭向法院申请调查令应作为商事仲裁案件证据收集中的一部分，即属于由法院协助取得的证据，上述案例无疑为这一制度带来了好的开局，笔者认为后续应在此基础上，继续完善细化具体的规则，在申请条件、必要情形、具体流程等层面制定相应的规则，使得法院协助取得证据真正成为商事仲裁案件中的常用途径，这将为仲裁机构解决大量因举证困难造成的积案，亦将提高仲裁程序的推进效率，完善商事仲裁程序的证据收集制度。

---

① 参见李冰纯：《国际商事仲裁中法院协助取证规则研究》，载《对外经贸》2022 年第 12 期。

② 《民事诉讼法》第 70 条规定："人民法院有权向有关单位和个人调查取证，有关单位和个人不得拒绝。人民法院对有关单位和个人提出的证明文书，应当辨别真伪，审查确定其效力。"

③ 《民事诉讼法》第 117 条规定："有义务协助调查、执行的单位有下列行为之一的，人民法院除责令其履行协助义务外，并可以予以罚款：（一）有关单位拒绝或者妨碍人民法院调查取证的；……"

六、结语

针对目前我国商事仲裁程序中仲裁庭调查取证的实际障碍和问题，笔者认为已经有一定的措施可以解决：

首先，上海市出台相关地方性法规赋予仲裁机构向人民法院申请调查令的制度可以有效避免仲裁庭调取证据困难的情形，经济发达、商事仲裁案件数量多的省市可以参照上海经验，制定或修改相关地方性法规，明确赋予仲裁机构申请调查令的权利，但这条路径有一定的局限性，一方面组织制定或修改相关地方立法，将依赖于地方对于该问题的直接态度及地方立法、修法的效率；另一方面通过地方性法规适用区域有限，仅适用于该区域的法院，即各仲裁机构只能向该区域的人民法院申请调查令，使得仲裁机构调取证据的范围有限。

其次，在上海经验及《仲裁法》修订的背景下，建议在《仲裁法》修订过程中增加"仲裁机构或仲裁庭有权就需要调取的证据向各级人民法院申请调查令"的表述，各仲裁机构以此为基础，再对应调整其仲裁规则，细化仲裁庭调取证据的相关规定，完善申请条件、必要情形、具体流程的规定，如果能够在仲裁法层面增加仲裁案件申请调查令的制度，仲裁庭调取证据难的困境将得以根本解决。值得期待的是，目前的《仲裁法（修订）（征求意见稿）》第61条第2款为："仲裁庭认为有必要收集的证据，可以自行收集，必要时可以请求人民法院协助。"仲裁庭向人民法院申请协助的制度已有规定，期待该规定可以在《仲裁法》最终修订时得到保留并通过。

同作为大陆法系的德国之立法于我国实践有一定参考之意义，德国《民事诉讼法》第1050条规定："仲裁庭或仲裁庭同意之下的当事人可以要求法院协助那些仲裁庭没有权力实施的取证，除非法院认为请求不可接受，法院将依据其取证规则执行该请求。仲裁员有权参与任何司法取证并且进行询问。"根据上述规定，仲裁庭或经仲裁庭同意的当事人即有权向法院申请调查令，可见德国对于仲裁庭调查取证这一制度的积极态度。基于我国目前的立法、修法现状，参考德国模式在修订《民事诉讼法》时亦可考虑加入仲裁庭申请调查令的制度。

上述地方性法规的修订、《仲裁法》及《民事诉讼法》修订的呼吁均需要一定的时间及大量的政策支持,如何在一定程度上缓解仲裁庭调查证据难的问题,可以从以下方面入手:第一,加强仲裁机构与政府机关、各行业机构间的沟通与交流,加强政府、企事业单位对于仲裁机构的认知、仲裁程序的了解,促使其遇到仲裁机构发出的协助调查函时能够予以尊重和配合;第二,向证据持有者强调仲裁保密性的特点,在调取证据时充分与证据持有者进行沟通,明确对于调取的证据将仅限于仲裁庭与案件当事人之间使用,打消一些单位对于相关信息泄露的顾虑;第三,各仲裁机构可考虑制定证据披露规则,使得仲裁庭能够使用该规则划分举证责任,避免当事人无法取得对方当事人所控制的证据。

《仲裁法》自1995年颁布实施至今已逾28年,随着我国商事仲裁的高速发展,近年来多家仲裁机构年案件标的额均破千亿元,亦有多家机构年受理案件数量过万件,商事仲裁已然成为评价营商环境的重要指标,而对案件审理有着重大影响的仲裁庭调取证据制度发展并不迅速,直至2023年12月1日才有人民法院协助仲裁案件出具调查令第一案。笔者自2017年入职一家国内仲裁机构工作至今,经办案件近千件,其中不乏疑难案件需要通过仲裁庭调取证据查明事实,其中部分案件得益于证据持有人经过多轮沟通同意配合调取,部分案件因为相关机关单位不予配合导致仲裁程序拖延,增加当事人举证负担等。2023年得益于北京市司法局举办的涉外法治培训项目,笔者有幸参加一系列培训课程,并赴大湾区、新加坡多家仲裁机构学习调研,经过课程学习及与其他机构交流沟通,发现北京与大湾区及新加坡地区的商事仲裁近年来均保持着高速发展,新加坡商事仲裁的发展得益于政府的大力支持。笔者有幸参观 Maxwell Chambers(麦士威国际争议解决中心),新加坡国际仲裁中心亦位于该中心,该中心由政府协调设立,位于新加坡中心区域,交通便捷,拥有40多个会议室可供仲裁案件开庭使用,同时在赴新加坡最高法院交流时也能感受到当地司法系统对于商事仲裁的支持;北京与大湾区商事仲裁的快速发展得益于当地党委及政府对于作为多元争议解决方式之一的商事仲裁一直保持着高度支持,相信类似于仲裁庭调查取证等对仲裁案件审理有重要影响的问题会得到立法修法的支持并得以解决,我国的商事仲裁制度将日趋完善，北京等地亦会建设为国际商事仲裁中心。国际商事仲裁中心的建设有赖于完善的政策支持，在建设北京国际商事仲裁中心的大背景下，北京亦将会关注到类似于法院协助仲裁案件调查取证制度等，不断优化地方立法并出台政策支持，北京首例法院协助仲裁机构出具调查令的案例指日可待。

创新仲裁实践：生成式人工智能的应用探讨

刘俊颖[*]　林　森[**]　张小旺[***]　路　彬[****]　赵　蕾[*****]

- **摘　要**　随着生成式人工智能技术的颠覆式发展，人工智能在仲裁领域的应用得到了学者和仲裁从业人员的关注。仲裁需要凭借申请书和答辩书、证据材料、庭审记录以及相关法律法规等结构化程度高的法律数据作出裁决。此外，无论是仲裁程序性工作还是最终裁决都需要输出标准化、格式化文件，这些条件为仲裁"智能化"提供了可能性。本文首先分析生成式人工智能未来在仲裁工作中的典型应用场景。其次根据技术发展和仲裁场景特征，设定智能化仲裁的等级划分。最后分析生成式人工智能应用于仲裁中的机遇和挑战。在生成式人工智能大幅提高仲裁工作效率的同时，也要警惕其潜在威胁和风险。

---

[*]　刘俊颖，天津大学管理与经济学部教授。
[**]　林森，华东理工大学商学院讲师。
[***]　张小旺，天津大学智能与计算学部教授。
[****]　路彬，浪潮电子信息产业股份有限公司法务总经理。
[*****]　赵蕾，天津大学管理与经济学部研究生。

- **关键词**

　　生成式人工智能　仲裁　应用场景　智能化仲裁等级划分

　　Abstract：The revolutionary advancement of generative artificial intelligence technology has drawn the attention of scholars and practitioners in the field of arbitration. Arbitration requires making decisions based on application forms and statements of defence, evidence materials, court transcripts, and related laws and regulations, which are highly structured legal data. Furthermore, both arbitration procedural work and the final verdict have to generate standardized and formatted files. These offer the potential for arbitration to be intelligentized. This study begins by analyzing the typical application scenarios of generative artificial intelligence in arbitration work. Next, based on technological advancements and specific features of arbitration scenarios, a classification of intelligent arbitration levels is established. Finally, the opportunities and challenges of applying generative artificial intelligence in arbitration are discussed. Despite the considerable benefits of utilizing artificial intelligence to improve the efficiency of arbitration, it is pivotal to be constantly aware of the potential threats and risks.

　　Key Words：Generative Artificial Intelligence, Arbitration, Application Scenarios, Intelligent Arbitration Levels

引言

　　根据2024年2月8日北京仲裁委员会发布的《北京仲裁委员会/北京国际仲裁中心2023年度工作报告》，2023年受案数量高达12,222件，同比增长45.14%，而仲裁员仅686人，平均审理用时从立案到结案高达188.56天。[①]

---

①　北京仲裁委员会：《北京仲裁委员会/北京国际仲裁中心2023年度工作报告》，https://www.bjac.org.cn/news/view?id=4714，最后访问日期：2024年3月26日。

当前各主要仲裁机构案件数量均急剧增长，导致仲裁工作面临"案多人少"，仲裁员工作压力大，一些仲裁机构还面临业务水平参差不齐的挑战。因此，在保证仲裁工作质量的前提下提高仲裁处理效率成为一项艰巨的任务。

近年来，随着人工智能在语言处理、图像识别、自然语言理解等方面取得的显著成果，以 ChatGPT、GPT-4 为代表的生成式人工智能（Generative Artificial Intelligence）不再局限于利用现有知识去解决问题，而可以直接生成新的知识和创造性的内容文本。仲裁的程序性工作和仲裁裁决都需要依据特定案件信息输出标准化格式的特定内容文件。生成式人工智能凭借其强大的文本分析能力，通过自然语言处理和数据挖掘技术，不仅能够快速提取、分类和分析关键信息，把仲裁员和仲裁机构秘书等人员从"事务性、重复性"的工作中解脱出来，提高仲裁工作的效率。更重要的是，生成式人工智能依靠客观的数据训练模型，不掺杂非理性情感，针对案件特殊性可以为仲裁员提供有力的证据评估和决策支持，提升了仲裁裁决的公正性和可信度。相比传统的人工决策，生成式人工智能的决策过程可以被追溯和解释，在一定程度上可提升仲裁的裁决质量。

现有研究主要聚焦于以 ChatGPT 为代表的生成式人工智能技术在仲裁领域的可行性、应用场景及风险评估等。在可行性方面，吴维锭认为人工智能引入仲裁行业兼具效率性、经济性和公正性，而人工智能算法由"规则驱动型"向"数据驱动型"的范式转变则提供了技术上的可行性。[1] 姚梦莹认为人工智能是仲裁内卷的破局关键，人工智能辅助仲裁符合历史发展规律的社会历史观。[2] 在应用场景方面，Gulyamov 总结了人工智能协助仲裁员履行其职责的应用功能，包括构建仲裁相关方规划网络以即时安排会议，分析事实证据以及预测结果辅助仲裁员决策三个功能。[3] 柯宇航借鉴智慧法院建设实践，阐述

---

[1] 吴维锭：《人工智能仲裁裁决：兴起、法律效力和法律回应》，载《海南大学学报（人文社会科学版）》2023 年第 5 期。

[2] 姚梦莹：《他山之石：人工智能辅助仲裁借鉴智慧法院建设的"未来仲裁"探索》，载《商事仲裁与调解》2022 年第 6 期。

[3] Gulyamov S, Bakhramova M. "Digitalization of International Arbitration and Dispute Resolution by Artificial Intelligence", 9 *World Bulletin of Management and Law*, 79–85（2022）.

了劳动仲裁与司法审判在形式和本质上的类似性，分析了构建司法知识图谱、自动生成裁判文书、法条与类案推送、预测裁判结果和实现监督功能等应用于劳动仲裁的可能性。[1] 在风险评估方面，生成式人工智能应用于仲裁引发的风险集中于信息真实性[2]、数据歧视与数据安全[3]、算法偏差和不当利用风险[4]、司法责任归责[5]等。

现实中，人工智能技术已在逐步渗透司法及仲裁工作。在国内，深圳国际仲裁院研发出仲裁机器人"3i"，能够解答数以万计的仲裁问题。[6] 广州仲裁委员会开发 AI 仲裁秘书，具有庭前身份验证、庭中语音记录和庭后类案裁决咨询三大功能。[7] 香港国际仲裁中心于 2021 年 10 月推出了案件在线管理平台"HKIAC 办案一站通"（HKIAC Case Connect），这一平台在文件存储、各方沟通、仲裁程序期限追踪等方面为当事人和仲裁机构提供了便捷安全的服务。[8] 北京仲裁委员会升级的远程立案系统能够根据不同当事人需求提供不同模式的立案服务端口，如根据当事人填写要素自动生成仲裁申请书的"引导式立案"，为类型化案件集中立案提供智能辅助的"批量式立案"等。[9] 国外已有借助生成式人工智能辅助判案的案例，在 *Loomis v. Wisconsin* 一案中，

---

[1] 柯宇航：《人工智能在劳动仲裁中的应用前景——以智慧法院建设实践为借鉴》，载《时代法学》2020 年第 4 期。

[2] 郑曦：《生成式人工智能在司法中的运用：前景、风险与规制》，载《中国应用法学》2023 年第 4 期。

[3] 田雨酥：《人工智能影响下的国际商事仲裁》，载《仲裁与法律》2022 年第 1 期。

[4] 程乐：《生成式人工智能治理的态势、挑战与展望》，载《人民论坛》2024 年第 2 期。

[5] 徐恩平：《生成式人工智能司法应用的风险与出路》，载《中阿科技论坛（中英文）》2024 年第 1 期。

[6] 《3i 机器人再升级 AI 赋能仲裁服务》，载深圳国际仲裁院网站，http://www.scia.com.cn/Home/Index/newsdetail/id/2670.html，最后访问日期：2024 年 3 月 29 日。

[7] 《广仲首创 AI 仲裁秘书南沙亮相》，载广州仲裁委员会网站，https://www.gzac.org/gzxw/6302，最后访问日期：2024 年 3 月 29 日。

[8] 《香港国际仲裁中心发布 HKIAC Case Connect（案件在线管理平台）》，载 Hong Kong International Arbitration Centre 网站，https://www.hkiac.org/zh-hans/node/2896，最后访问日期：2024 年 3 月 29 日。

[9] 《官宣：北仲远程立案服务升级上线！》，载北京仲裁委员会网站，https://www.bjac.org.cn/news/view?id=4725，最后访问日期：2024 年 4 月 1 日。

法院使用了COMPAS智能评估工具对Loomis的社会危险性进行评估，并参考该评估报告作了量刑裁判。[1]2023年1月，美国哥伦比亚法官Juan Garcia借助ChatGPT作出了一份关于孤独症患者免于支付治疗费用而获得医疗服务的法庭裁决。[2]许多法律技术公司已经将ChatGPT类生成式人工智能技术纳入其平台，包括Ironclad、Docket Alarm和Lexion在内的智能平台已经能够实现卷宗文档的要点摘要、法律合同的起草等功能。[3]为了进一步规范人工智能技术的应用，2023年8月31日，美国硅谷仲裁与调解中心（Silicon Valley Arbitration and Mediation Centre, SVAMC）发布了《国际仲裁人工智能应用指南》草案。[4]2024年1月30日，英国大律师公会发布了《英国大律师ChatGPT使用注意事项指南》。[5]

在此背景下，本文将从当事人、仲裁员和仲裁机构三方的应用视角，分别分析生成式人工智能未来在仲裁中的典型应用场景，同时以仲裁智能化的最终实现为目标，根据该技术介入深度递进的角度划分生成式人工智能引入仲裁工作的等级，进而梳理生成式人工智能应用于仲裁工作所面临的实践焦点问题，并提出可能的解决方案。

一、生成式人工智能在仲裁中的典型场景分析

仲裁程序主要包括申请和受理、组成仲裁庭、开庭和裁决三大步骤。仲

---

[1] 徐恩平：《生成式人工智能司法应用的风险与出路》，载《中阿科技论坛（中英文）》2024年第1期。

[2] Rose J., A Judge Just Used ChatGPT to Make a Court Decision, at https://www.vice.com/en/article/k7bdmv/judge-used-chatgpt-to-make-court-decision（Last visited on March 26, 2024）.

[3] 王禄生：《从进化到革命：ChatGPT类技术影响下的法律行业》，载《东方法学》2023年第4期。

[4] Silicon Valley Arbitration and Mediation Center Guidelines on the Use of Artificial Intelligence in Arbitration, at https://thearbitration.org/wp-content/uploads/2023/08/SVAMC-AI-Guidelines-CONSULTATION-DRAFT-31-August-2023-1.pdf（Last visited on March 30, 2024）.

[5] Considerations When Using ChatGPT and Generative Artificial Intelligence Software Based on Large Language Models, at https://www.barcouncilethics.co.uk/wp-content/uploads/2024/01/Considerations-when-using-ChatGPT-and-Generative-AI-Software-based-on-large-language-models-January-2024.pdf（Last visited on March 30, 2024）.

裁的相关方包括以申请人和被申请人为主的当事人方,为最终裁决负责的仲裁员,以及提供仲裁服务的仲裁机构。在仲裁过程中,三方的诉求不同,当事人双方希望通过仲裁尽早解决争议,而仲裁员需要在查清案件事实的基础上,根据法律法规,最大程度上公正地作出裁决,仲裁机构则希望通过对案件的仲裁得到当事人对其服务和能力的认可,不断提高仲裁效率,更好地为当事人和仲裁员服务。本文以当事人、仲裁员和仲裁机构的三方视角,分别分析生成式人工智能在仲裁中的典型应用场景。

(一)当事人:智能化协助解决争议

1.构建仲裁员数据库,匹配仲裁员建议

生成式人工智能技术具备构建仲裁员数据库,并识别当事人偏好为其匹配合适仲裁员的潜力。在数据采集阶段,生成式人工智能可以从律师事务所、仲裁机构和相关法律数据库等可靠数据来源收集仲裁员数据,包括仲裁员的个人背景、资质认证、工作经验和过往仲裁案例等信息。利用数据标注和特征提取技术,构建仲裁员数据库。基于个性化筛选标准,该数据库可以实现智能比对仲裁员特征信息和案件需求,提高仲裁员匹配的精准度和满意度。此外,生成式人工智能还可以辅助识别当事人是否与仲裁员存在影响公正仲裁的情形,防范潜在利益冲突。

2.制作"案件画像",预测仲裁趋势

通过生成式人工智能技术,从收案来源、案由、案件管辖、重大敏感信息、是否重复立案、当事人关联案件等方面制作"案件画像"。依靠海量的案件数据,凭借案件智能检索分析技术,自动分析当事人所涉案件的复杂程度、预测审理周期及适用程序。通过案情相似性和裁决结果相似性进行案件匹配,从争议点的风险、时间、成本等多个维度进行量化分析,向当事人提供可能的仲裁趋势,引导其对案件走势进行理性评估以做好资料和庭审的工作准备。

3.审核仲裁文件,培训仲裁流程

在仲裁过程中,部分当事人对仲裁流程和各类文书格式要求的了解不足,导致他们未能妥善准备仲裁所需的相关资料。甚至存在对申请书、答辩书的审核校对不仔细,出现低级错误的情况。这些人为因素不仅会降低仲裁效率,也会间接导致当事人权益遭到损害。当前生成式人工智能的文本分析能力和

语义理解能力日益成熟，可以实现利用生成式人工智能技术，系统审核申请书、答辩书、证据材料等文件，智能提示语法、计算等错误，并将文书格式转化为标准格式。此外，该技术能够模拟仲裁流程，把当事人带入仲裁情景中，帮助当事人熟悉仲裁规则，提升当事人的整体表现。

（二）仲裁员：智能化辅助审理和裁决案件

1. 识别争议焦点，设计庭审大纲

生成式人工智能能够辅助仲裁员完成庭前的准备工作。凭借长距离理解上下文语义的能力，生成式人工智能能够识别案件基本情况和当事人特征，对案件和证据进行归纳总结，同时向仲裁员推送类案裁决结果统计。然后根据申请书、答辩书、双方的证据和书面的举证梳理出当事人的诉求，分析出当事人请求下的核心关键问题，即案件争议焦点。在此基础上，生成式人工智能能够自动设计出庭审大纲和程序，减少仲裁员庭审前准备时间，提高庭前工作效率。

2. 处理非结构化证据，生成"展示性证据"

生成式人工智能的多模态处理能力逐渐成熟，能够处理图片、音频、视频等非结构化证据材料，在仲裁工作中生成"展示性证据"。"展示性证据"是为解说原证据或者案件情况而出示的可视材料，[1]以辅助仲裁员直观理解原证据。生成式人工智能技术能够处理不同类别的"展示性证据"，并运用在仲裁工作中：一是以生成文本的方式展示证据，即通过对证据的分析整合，形成特定形式的文本，并以此帮助仲裁员理解案件基本情况。[2]二是以生成图形的方式展示证据，即生成式人工智能在现有图片证据的大数据集上进行训练，制作数据可视化图表、流程图、地图、关系图等，实现示意证据提升证明效果的作用。三是以生成音频、视频的方式展示证据，生成式人工智能可以结合语音合成等技术将证据转化为语音或视频输出，以便仲裁员听取证据。四是以生成模型的方式展示证据，根据其所收集的数据，生成式人工智能可以制

---

[1] 罗维鹏：《示意证据规则建构》，载《清华法学》2019年第6期。
[2] 郑曦：《生成式人工智能在司法中的运用：前景、风险与规制》，载《中国应用法学》2023年第4期。

作特定模型以便仲裁员直观地观察和理解证据。[①]

对于当事人在仲裁过程中提供的音视频或者图片证据材料，生成式人工智能能够甄别证据中的内容，协助查验证据的种类、完整性、清晰度等工作，加快取证和质证进程，改变以往依靠人工进行审查的低效情况。

3. 推进类案类判，辅助仲裁裁决

仲裁具有"一裁终局"的特点，因此类案类判的公平性显得格外重要。利用生成式人工智能技术，从案件数据库中搜寻类似案件脱敏后推送给仲裁员。甚至利用大数据的自动提取和自我学习能力，构建案件的裁决模型，根据案件特征及类案相关性，自动对比此案件和过往类似案件的裁决结果，防止裁决出现重大偏离。

针对有大量判例可用、事实和法律场景具有可比性和高度重复性的案件，生成式人工智能甚至可直接生成裁决结果作为仲裁员的裁决参考。生成式人工智能在对法条进行检索、整理和分析后，快速梳理分析图片、文档等证据材料，结合案件事实及申请书、答辩书、鉴定意见、庭审记录、合同有关条款等文件信息，分析出当前案件的要点和难点，识别问题所在，进而精准匹配案件证据和法律法规，得出相应的裁决结果。这一过程利用生成式人工智能强大的数据处理和分析能力，为仲裁员提供了高效、准确的裁决支持。

（三）仲裁机构：智能化培训和协助工作

1. 构建案件知识库，培训仲裁员

仲裁机构利用生成式人工智能技术构建案件知识库，持续更新高质量案件，为仲裁机构和从业人员提供丰富的案例参考和经验累积。依托该案件知识库，通过自然语义识别技术从海量文书中提取案件要素，对案件进行结构化与标签化处理，将具备相似要素的案件整合分类，形成不同维度之下的"类案"。[②] 当仲裁员对案件作出裁决时，可以从标签化的案件知识库中匹配符合

[①] 郑曦：《生成式人工智能在司法中的运用：前景、风险与规制》，载《中国应用法学》2023年第4期。

[②] 王禄生：《司法大数据与人工智能开发的技术障碍》，载《中国法律评论》2018年第2期。

案情的案件，作为决策参考。

除整合数据和匹配类案之外，案件知识库还可以用于设计仲裁裁判指引及帮助仲裁机构培训仲裁员。知识库中包含大量的案件信息，仲裁员能够利用该知识库学习不同类别案件的裁决推理过程，即使没有类似案件经验，也能够模拟裁决思维，提升专业知识。

2. 撰写程序性文书，审核仲裁文件

在仲裁程序中，仲裁机构承担起草、校对和编辑仲裁相关文件的文书工作，需确保文书的准确性和格式的规范性。此外，仲裁机构还负责审查法律文件、准备背景材料等工作。其工作内容细碎烦琐，且直接影响仲裁案件的裁决质量和效率。利用生成式人工智能撰写文书将有助于缩短文书撰写时间，降低出错概率，减少重复性工作。生成式人工智能通过海量的法律、判例等数据对其进行训练后，可具有法律语义认知能力，模拟法律思维逻辑组织语言文字，在输入相关信息后，根据程序性文书的形式要求，自动分析案情，检索相关法律条款，提出核稿意见，生成符合规范的高质量法律文书，一定程度上支持甚至代替仲裁机构撰写仲裁程序文件及审核仲裁裁决书。

上述的应用场景为仲裁智能化的设想。本文以实现仲裁理想应用场景为目标，根据生成式人工智能介入深度的递进和智能化程度的不同，划分仲裁智能化等级，为逐步实现智能仲裁提出分析路径。

二、生成式人工智能介入仲裁工作的等级划分

（一）分级依据

为更好理解生成式人工智能辅助仲裁的实现路径，本文对仲裁智能化水平进行了等级划分，包括从第 0 级人工仲裁到第 4 级完全智能化仲裁。第 0 级向第 1 级的转变是从人工仲裁迈向初级智能化仲裁。第 1 级向第 2 级的转变体现了生成式人工智能技术具有辅助完成客观工作的能力，为其更加自主、更加广泛、更加准确的应用前景提供基础的技术支持。第 2 级向第 3 级的转变摆脱了以往算法模型"一专一能"的局面，实现了从"一专一能"到"多专多能"的跨越，提高了模型的泛化能力，使其能够应用于广泛的应用场景。第 3 级向第 4 级的转变表明了生成式人工智能有能力学习长期进化的社会主

流价值观，能够对价值观因素现象化、客观化、逻辑化，并将其编入算法，最终实现对疑难案件的可靠裁决。

（二）级别划分

级别 0：人工完成全过程仲裁工作

在仲裁工作中不使用人工智能技术，人工完成案件分类、文件审核、证据分析、仲裁裁决等仲裁程序中的所有工作。仲裁秘书人工审核当事人提交的文件、起草仲裁的程序性文书。仲裁员人工检索类案，识别争议焦点，凭借类案处理经验和相关法律法规作出裁决结果。这些工作重复且烦琐，带给仲裁秘书和仲裁员巨大的工作压力，仲裁效率低，成本高。

级别 1：替代机械性、重复性仲裁工作

人工智能逐步替代人力完成法条检索、案例查询、案件分类、庭审录入等相对简单、重复性高的工作。[1] 级别 1 已在法院、仲裁机构和律师事务所得到广泛应用，例如很多法律类软件可以提供法条检索、法律释义推送、费用及赔偿计算、案例检索等服务。

级别 2：自主分析，辅助决策的"智能助手"

生成式人工智能作为主力，完成法律咨询、文件审核、证据提取、程序性文书生成等任务。比如苏州法院正在开发的生成式人工智能辅助办案系统，能够在电子卷宗中较准确地识别、输出法官所需要的事实要素，并提供原始出处，还可以根据法官阅卷后固定的事实信息及庭审记录自动生成裁判文书。[2] 在级别 2 阶段，生成式人工智能不仅替代人力完成机械性、重复性工作，而且逐渐延伸到辅助决策、自主分析等深层次应用，成为仲裁员审理案件的"智能助手"。

级别 3：多模态交叉处理，适应不同场景

仲裁工作的难点之一在于根据双方当事人提供的证据材料，厘清受理案件的"故事脉络"，明确案件经过及责任划分。在级别 3 阶段，生成式人工智

---

[1] 田雨酥:《人工智能影响下的国际商事仲裁》，载《仲裁与法律》2022 年第 1 期。
[2] 《苏州中院试点人工智能辅助办案，生成裁判文书完成度达 70%》，载澎湃新闻，https://baijiahao.baidu.com/s?id=1783707662610682688&wfr=spider&for=pc，最后访问日期：2024 年 3 月 31 日。

能具备同时交叉处理和理解文本、图像、音频等不同类型证据的模态数据的能力。通过跨模态的统一表征和学习，能够以图生音、以音生图，实现对案件情节的跨模态理解和输出。在数据收集方面，利用多模态大模型能够挖掘出仲裁场景中海量的结构化和非结构化的数据。在深度语义理解方面，能够自动识别出案件时间、当事人、金额等有效信息，并对类案进行联想，构建综合性的知识结构。[1]在场景匹配方面，通过强化生成式人工智能的知识推理能力，更精确地学习行业规则和专家知识，并能够将行业实务知识和案件情节相关联，使其具有规律发现、自主决策等能力，更准确地为当事人和仲裁机构提供仲裁服务。

级别4：深度学习社会主流价值，决策疑难案件

生成式人工智能能够深度学习社会主流价值，参与决策疑难案件。除具备级别3的功能，生成式人工智能还可以通过深度学习把社会主流价值标准转化为技术语言，并且对不同的价值标准进行功利性比较，把非理性的活动转换成理性的语言理解。在这一级别，生成式人工智能不再局限于常规仲裁案件，也可以处理具有复合专业、法律和伦理挑战的疑难案件，为决策者提供更全面、准确且专业化的决策支持。

三、生成式人工智能辅助仲裁的机遇与挑战

引入生成式人工智能作为仲裁辅助工具，为仲裁从业人员提供信息分析和决策支持，可以推动仲裁效率提升和实现公正性。然而，在追求人工智能辅助仲裁的前进道路上，必须认识到当前技术的局限性以及法律和伦理的复杂性。生成式人工智能技术应用于仲裁领域面临如下限制和挑战。

（一）错误或"幻觉"问题

生成式人工智能生成的内容为概率化的操作，具有一定不可预测性，也无法独立评估结果输出的准确性。实践表明，生成式人工智能大语言模型在缺乏对特定查询提供准确响应的信息时，会生成一些看似正确实则错误的误导

---

[1] 张贺飞：《基于昇腾AI的"紫东·太初"赋能法律服务，多模态大模型迈向"多专多能"》，载腾讯网，https://new.qq.com/rain/a/20221118A03KFY00，最后访问日期：2024年3月29日。

性内容，也会就相同的问题给出不同的答案，即"幻觉"问题。例如，两名纽约律师提交了一份简报，引用了ChatGPT生成的不存在的判例法，结果误导了纽约法院，被罚款5000美元。①仲裁裁决不是呈现法律条文，而是甄别哪些法律条文可用，判断当事人提交申请书和证据等的合法性和真实性，最终作出裁决。而当前生成式人工智能大语言模型倾向于混淆或发明信息以填补知识空白，它们也无法识别用于产生给定输出的真实逻辑或信息来源。错误或"幻觉"可以通过技术减少，如"提示工程"（即以更有可能产生更好响应的方式进行查询）和"检索增强生成"（即向模型提供相关源材料和查询），但很难完全消除。因此，目前不能轻信此类模型的输出结果，也不能相信其表面价值。

在生成式人工智能本身存在错误或产生"幻觉"的情况下，当事人可能会对仲裁员利用这种技术辅助仲裁工作，甚至依据其作出裁决的做法产生信任问题。他们不仅会质疑技术的可信度，还会进一步怀疑仲裁结果的可靠性。因此，在采用生成式人工智能辅助仲裁工作时，需要充分考虑其潜在的风险和不确定性。如果仲裁员使用生成式人工智能工具来协助分析论据或辅助裁决，就不能简单复制生成式人工智能的结论，应当采取必要程序核实其输出的结果，以确保仲裁结果的公正性和可信度，并对任何错误或不准确承担责任。

（二）深度造假问题

随着生成式人工智能技术的不断进步及趋于成熟，其生成的虚假音视频已经能够达到以假乱真的地步。这些虚假音视频在肉眼观察下极具说服力，有时甚至与真实版本几乎无法区分。这一技术显著降低了伪造证据的难度，造成了操纵证据的潜在风险。为确保证据的真实性，需要投入更高的成本并运用更为复杂的技术手段来进行验证或鉴定。

在任何情况下，当事人、律师和专家都不应使用人工智能工具伪造、篡改证据以损害仲裁程序的完整性和公平性。对此，《国际仲裁人工智能应用指

---

① 《美国两名律师引用ChatGPT虚构案例被罚5000美元》，载百家号"金融界"，https://baijiahao.baidu.com/s?id=1769507129269222246&wfr=spider&for=pc，最后访问日期：2024年3月29日。

南》草案第 3 条强调在仲裁机构认为明智且合理的情况下，仲裁机构可要求当事人、律师主动披露与使用人工智能工具有关的信息；同时第 5 条明确禁止使用人工智能伪造证据、损害证据的真实性或以其他方式误导仲裁机构和 / 或对方当事人。

（三）数据安全与隐私问题

利用人工智能辅助仲裁裁决需要建立数据库，包括法律法规和过往案件，同时需要对案件进行统计分析，不断训练模型，提高准确度。但是，仲裁一般不公开审理，具有保密性。而数据库有泄露和滥用的风险，内含的数据可能包含敏感信息、个人隐私、案件细节等内容，还会将当事人不经意提供的信息收集起来进行模型训练或程序改进，这有可能将当事人不想公开的个人信息和不想作为生产要素的数据置于公共领域。[①]

仲裁的各参与方都应了解在仲裁中使用可获得的特定人工智能工具所带来的数据和保密风险。对此，《国际仲裁人工智能应用指南》草案在第 2 条中强调仲裁参与方有责任审查相关人工智能工具提供的数据使用和保留策略，确保其使用的人工智能工具符合其保护机密信息（包括特权、私人、秘密或其他受保护的数据）的义务，并且指出他们不应在未经适当审查和授权的情况下向任何人工智能工具提交机密信息。如果考虑在仲裁中使用第三方人工智能工具，应特别注意第三方关于记录、存储和使用提示、输出历史以及提供给人工智能工具的任何其他机密数据源的政策。

（四）情理局限问题

仲裁员通过法定证据，根据自己的法治信仰、价值判断、经验法则等对案件进行权衡考量和反复论证，这其中也包含对人道主义精神和宪法精神的理解，最终作出裁决。仲裁员裁决的过程是通过"人"传达社会倡导的价值取向，[②] 这是维护法理、情理平衡的体现。但是生成式人工智能存在情理局限，

[①] 杨立民：《基于生成式人工智能法律服务的数智化发展逻辑与建构路径》，载《深圳大学学报（人文社会科学版）》2023 年第 6 期。

[②] 姚梦莹：《他山之石：人工智能辅助仲裁借镜智慧法院建设的"未来仲裁"探索》，载《商事仲裁与调解》2022 年第 6 期。

缺乏正义感和道德感，难以将人道主义精神和宪法精神等普遍适用的原则性规定转化为技术语言知晓运用。

此外，即使裁决系统越来越精密，机器可以"自我学习"利用现有数据库进行裁决，但机器不具有道德意识，难以从个人、社会整体的角度发展法律。鉴于人工智能缺乏法律推理能力，相较于需要高度依赖法律推理能力的案件，标准化、程序化、模板化的工作更有可能率先被人工智能取代。

四、结论

从互动方式、组织架构到商业模式，人工智能将深刻影响仲裁行业。生成式人工智能技术引入仲裁，其愿景是利用其强大的文本分析能力和"自我学习"能力，促进仲裁实践的工作效率和公平裁决。本文以当事人、仲裁员和仲裁机构的三方应用视角，阐述了仲裁智能化的应用前景及现实困境，同时更要警惕创新仲裁实践的潜在风险。

1. 生成式人工智能的衍生产品可以作为生产工具辅助当事人、仲裁员和仲裁机构实现文档整理、数据筛选、证据分析及决策支持等功能，有助于在当事人之间实现沟通可见和达成共识。但人工智能工具需要依赖统计数据做出可能出现结果的推断，对历史数据的依赖将限制其法律推理能力及决策的完整性。人工智能的应用虽然可以节省仲裁成本，提高仲裁效率，但短期难以取代仲裁员和仲裁机构的工作职能。特别是仲裁员的自由裁量权及最终决策职能，属于仲裁员个人，并且不可委托。任何时候，仲裁员都应对仲裁工作中人工智能工具的使用负责。

2. 尽管人工智能技术发展飞速，但不可忽略当前所面临的技术、数据以及伦理上的困境。其中包括算法的缺陷和歧视、案件数据和法律数据低质少量以及隐私保护等问题，这些造成了难以规避的技术和数据瓶颈。此外，仲裁既要维护程序正义，确保公正、公平的决策过程，又要追求实质正义，即在具体案件中寻求公正的结果。如何平衡程序正义和实质正义，并确保人工智能辅助系统的决策和推理过程符合伦理标准，是一个需要认真思考和解决的问题。

3. 他山之石，可以攻玉。仲裁智能化是渐进突变的过程。随着生成式人工智能技术的发展，当其能够将非理性的社会主流价值转化为理性的技术语言时，完全仲裁智能化将可能真正实现，但这将对仲裁行业的既有工作模式造成颠覆性冲击，甚至重构仲裁机构及仲裁员职能。届时，仲裁法和仲裁机构规则须顺势而为，适应行业变革，提供引入人工智能技术的规范框架。

由典型仲裁和诉讼案例探究预约合同和本约合同之判定标准

李桃蹊[*]

- 摘 要

我国《民法典》首次在立法层面对预约合同作出规定。在此之前,司法实践已承认预约合同的概念。关于预约合同的判定标准,学界有合意性与明确性之分,司法和仲裁实践中则有意思表示标准与履行标准之分。从《民法典》施行前的司法及仲裁实践看,采纳履行标准的居多,多数学者则持合意性或意思表示标准观点。《民法典》施行后的典型仲裁和诉讼案例则表明,实践中实际采纳的并非单一标准。笔者认为,结合典型案例探究最高人民法院相关司法解释趋向,"以意思表示标准和履行标准为主,兼顾其他因素"的综合标准能够更好地尊重当事人的意思自治、更有效地体现预约合同的目的与价值、更广泛地契合交易实际。

- 关键词

 预约 本约 诉讼 仲裁 认定标准

---

[*] 李桃蹊,中国人民大学学生,主修国际政治经济专业(国际关系学院),辅修法律专业(法学院)。本文的撰写得到了中国人民大学法学院熊丙万教授的悉心指点,谨此致以诚挚的感谢。

Abstract: For the first time, *the Civil Code of the People's Republic of China* has made provisions on precontracts at the legislative level. Prior to this, judicial practice had recognized the concept of precontracts. With regard to the standard for determining precontracts, there exists discussion between desirability and clarity in the academic community, but in judicial and arbitration practice, there are difference between declaration of intention and performance. From the judicial and arbitration practices before *the Civil Code*, it is apparent that the majority of cases are decided based on the standard for performance, yet most scholars hold the view of the standard of desirability or declaration of intention. The typical arbitration and litigation cases after *the Civil Code* have indicated that, in practice, a combination of both standards instead of a single standard is actually adopted. The author believes that, based on typical case studies and relevant judicial interpretation of the Supreme People's Court of People's Republic of China, the hybrid standard that "majors in declaration of intention and performance while minors in other factors" can more sufficiently respects the parties' autonomy, more effectively reflects the goal and value of the precontract, and more broadly aligns with the actual transaction.

Key Words: Precontract, Contract, Litigation, Arbitration, Standard for Determination

在《民法典》施行之前，我国在立法层面无论是《民法通则》还是《合同法》均未规定预约合同，部分学者承认预约合同的存在。2012年7月1日起施行的最高人民法院《关于审理买卖合同纠纷案件适用法律问题的解释》[①]首次在司法上承认预约合同的概念。该解释第2条规定，"当事人签订认购书、订购书、预订书、意向书、备忘录等预约合同，约定在将来一定期限内订立

---

① 该司法解释于2020年12月23日修正。

买卖合同，一方不履行订立买卖合同的义务，对方请求其承担预约合同违约责任或者要求解除预约合同并主张损害赔偿的，人民法院应予支持"。2021年1月1日起施行的《民法典》在立法上首次承认预约合同，其第495条第1款规定，"当事人约定在将来一定期限内订立合同的认购书、订购书、预订书等，构成预约合同"，第2款规定，"当事人一方不履行预约合同约定的订立合同义务的，对方可以请求其承担预约合同的违约责任"。对《民法典》实施以来相关典型仲裁和诉讼案例的对比考察，有助于我们进一步厘清有关预约合同判定标准的认识，更好地做好裁判工作。

一、仲裁案例

（一）基本案情

在我国某仲裁机构近年裁决的一起投资意向书争议仲裁案件[1]中，首先需要由仲裁庭审理认定的重要事项就是案涉《投资意向书》的性质问题，即其是不是预约合同。

在该案中，申请人与三被申请人签署《投资意向书》，其抬头载明"本投资意向书描述申请人及其指定的关联公司（投资方）拟投资（本次投资）目标公司的主要投资条款"，"实际控制人/现有股东、投资方和目标公司均确认，以下条款为各方真实意思表示，各方将尽最大努力根据下述条款尽快完成并签署正式法律文件，以促成本次投资的及时完成"；《投资意向书》正文分列投资当事人及相关方、投资意向方案、交易及交割，以及其他事项等四个部分。其中，"投资当事人及相关方"部分列明了投资方（申请人）、目标公司（第三被申请人）、实际控制人（第一被申请人）和现有股东（第一和第二被申请人）及其持股比例。"投资意向方案"列明了交易基准日，并在"交易安排"条款中载明"为本次投资之目的，目标公司现有股东（或现有股东指定的主体）将新设一家有限责任公司（新设公司）"，新设公司应将目标公司全部零售门店及其他相关资产变更至新设公司名下，新设公司及变更至新设公司名下的零售门店应取得正常经营所需要的各项资质并处于可经营状态（资

---

[1] 未曾报导。根据仲裁保密要求，对相关信息进行了加密处理。

产重组）。投资方通过受让现有股东（即转让方）所持新设公司股权的方式取得新设公司 100% 股权。上述资产重组完成后，目标公司及转让方不再继续从事和新设公司存在同业竞争的业务。该部分另就估值作价依据和经营性资产等作出约定。"交易及交割"部分载明了"陈述与保证""过渡期""投资先决条件"。其中，"过渡期"条款载明，"本投资意向书签署之日起至投资方变更为新设公司股东的工商变更完成之日的期间为过渡期。在过渡期内，除为新设公司与目标公司的资产重组目的外，实际控制人 / 现有股东应保证目标公司和新设公司保持正常经营管理，保持目标公司、新设公司的资产和业务范围不发生重大变化，以及章程或公司治理准则不发生可能影响本次投资的变化，并且不得作出有损于投资方利益的行为；《投资意向书》在"其他"部分中载明了定金条款、排他期义务、保密义务、适用法律及争议解决、法律约束力，以及其他约定条款。其中，"定金条款"约定，"投资方应在本投资意向书签署后 7 个工作日内向实际控制人 / 现有股东支付定金人民币 800 万元，若实际控制人 / 现有股东违反本投资意向书中关于'排他性义务'或'保密义务'的约定，或在未能提供双方均认可的特殊理由的情况下主动终止本次交易，则现有股东应双倍返还投资者""若投资方对目标公司、新设公司进行了充分的尽职调查，尽职调查得到的结果不存在影响本次交易的重大不利因素，但投资方仍决定不投资的或排他期届满未有明确意见的，定金不予退还"。"排他期义务"约定，"本投资意向书签署之日起 6 个月内或本协议各方协商一致的其他日期（以两者中晚到的日期为准）为排他期。在排他期内，各方不得就目标公司、新设公司股权转让或增资事宜与第三方进行磋商、向第三方提供任何相关资料"。"法律约束力"条款约定，"本投资意向书仅作为各方前期沟通阶段性备忘录，目的是促进各方最终签署正式协议，因此除了'定金条款'、'排他期义务'、'保密义务'和'适用法律及争议解决'条款之外，本投资意向书没有法律约束力"。

（二）双方当事人相关主张

在案件审理中，申请人和被申请人均未就《投资意向书》效力本身提出异议。申请人认为双方当事人签署的《投资意向书》系双方当事人真实意思表示，内容不违反我国法律、行政法规的强制性规定，应属合法有效。被申请人认可双方签订《投资意向书》的事实，没有提出《投资意向书》无效的意见，但认为只有其中的"定金条款""排他期义务""保密义务""适用法律及争议解决""法律约束力"条款对双方具有法律约束力。

针对《投资意向书》的性质，双方当事人存在分歧。申请人认为它"仅作为各方前期沟通的阶段性备忘录"，被申请人认为《投资意向书》是预约合同，应当适用《民法典》第495条的规定。

（三）仲裁庭意见

首先，仲裁庭认定《投资意向书》已经依法成立，并确认其合法有效。其次，关于《投资意向书》的性质，仲裁庭认为，根据《民法典》第495条规定，预约合同系约定未来签订合同（或称正式合同、本约）的合同。案涉《投资意向书》分为抬头和正文两部分。抬头部分载明，本投资意向书"描述"申请人及其关联公司"拟投资"被申请人的"主要投资条款"，"各方将尽最大努力根据下述条款尽快完成并签署正式法律文件，以促成本次投资的及时完成"。从文义来看，此处的"描述""拟投资""尽最大努力"等词语说明双方有意进行拟议中的交易，但不足以表明双方之间已形成买卖的具体权利义务。《投资意向书》正文部分逐项载明了"投资方""目标公司""实际控制人""现有股东""交易基准日""交易安排""估值/作价依据""经营性净资产""过渡期""投资先决条件""定金条款""排他期义务""保密义务""适用法律及争议解决""法律约束力""其他约定"，其中约定带有明显的不确定性。例如，《投资意向书》载明投资方为"申请人及其指定的关联公司"，却未明确约定"关联公司"的名称；"交易安排"载明为本次投资之目的，目标公司现有股东（或现有股东指定的主体）将新设一家公司，投资方通过受让现有股东所持新设公司股权的方式取得新设公司100%股权，这说明交易的直接标的系新设公司的100%股权，但《投资意向书》未约定新设公司的注册资本数额等。更为重要的是，《投资意向书》"法律约束力"条款约定，"本投资意向书仅作为各方前期沟通的阶段性备忘录，目的是促进各方最终签署正式协议，因此除了'定金条款'、'排他期义务'、'保密义务'和'适用法律及争议解决'条款外，本投资意向书没有法律约束力"，该约定已明确表明《投资意向书》仅部分条款具有约束力，甚至说明"投资方""目标公司""实际控制人""现有股东""交易基准日""交易安排""估值/作价依据""经营性净资产""过渡期""投资先决条件""其他约定"等条款,均不当然具有约束力。

仲裁庭进而指出,当事人之间缔结合同的过程有时存在从不具有拘束力的磋商行为、缔结具有拘束力的预约、最终订立本约这三个不同阶段。缔约磋商阶段原则上受诚实信用原则约束,且不排除当事人针对磋商事项作出约定;预约和本约则在当事人之间均成立合同关系,但应根据当事人在合同中的意思表示予以区分。当事人意思表示不明确或有争议时,应当通过考察约定内容是否包含合同成立的要素,以及合同内容是否确定到无需另行订立本约即可强制履行等因素加以确定。本案《投资意向书》在交易主体、标的、先决条件、交易安排和价格上存在明显的不确定性,在《投资意向书》履行中需要双方相互协助和积极促成。

仲裁庭最后认为,应当尊重《投资意向书》关于仅"定金条款""排他期义务""保密义务""适用法律及争议解决"具有约束力的约定,但因该等具有约束力的条款未构成本次交易所需的基本条款,《投资意向书》既不属于本约,也不属于预约,而属于《投资意向书》所称"本投资意向书仅作为各方前期沟通的阶段性备忘录,目的是促进各方最终签署正式协议"的约定。换言之,《投资意向书》系双方当事人在磋商和沟通中达成的部分具有约束力的合意。

(四)主要意义

该案中,申请人和被申请人基于《投资意向书》的履行产生纠纷,申请人依据其中的仲裁条款提请仲裁。双方当事人对《投资意向书》的性质,在认识上存在分歧,意见不一。仲裁庭首先需要明确《投资意向书》的性质,对其效力进行认定,才能在此基础上就申请人的仲裁请求进行审理,作出裁决。最为重要的是,仲裁庭认定,《投资意向书》既不属于本约,也不属于预约,而是双方当事人在磋商和沟通中达成的部分具有约束力的合意,其实质是预约合同的判定标准问题。该案仲裁庭有关《投资意向书》是不是预约合同的认定考量,反映了《民法典》生效实施后有关预约合同判定标准的最新仲裁实践。

二、诉讼案例

（一）基本案情

1. 案件事实

沈阳农商行大东支行与谷某、宏缘公司之间发生金融借款合同纠纷案。2014年，辽宁高院曾就此案作出判决，查封、扣押、冻结宏缘公司财产，其中包括10月23日查封的宏缘公司开发的房产（该房产是本文所探讨的诉讼案件的案涉房屋）。2016年，辽宁高院作出第二次裁定后再次查封该房屋。

本文所援引研究的诉讼案件的原告陈某义系上述金融借款合同纠纷案的案外人。由于陈某义和宏缘公司签订了房屋买卖合同，约定买卖房产，而房产却在交付前被查封，陈某义以其正当利益受到损害，遂向法院提起案外人执行异议之诉，申请排除对案涉房屋的强制执行。

经查明，原告陈某义2011年与宏缘公司签订《"观泉路50号"项目团购房协定》，约定陈某义应在规定期限内选择楼号、房号，否则合同将自动解除。2013年，陈某义委托张春为代理人和宏缘公司签订《团购房代收房款给付利息协定》，约定标的物以及价款。2014年9月9日，双方签订《关于团购客户陈某义选房协议》，载明标的物及价款，同时约定在陈某义补交购房款后，双方签订商品房买卖合同。补交齐房款后，陈某义于2015年8月18日与宏缘公司签订《商品房买卖合同》，清晰载明标的物和价款，宏缘公司出具入住通知书一份。陈某义名下在沈阳市无其他用于居住的房产。

2. 法院判决

（1）一审判决[①]

辽宁高院认为，本案主要问题在于陈某义就执行标的是否享有足以排除强制执行的民事权益。参照最高人民法院《关于人民法院办理执行异议和复议案件若干问题的规定》（以下简称《执行异议和复议规定》）第29条，辽宁高院指出陈某义所购案涉房屋是在双方签订正式的买卖合同之前便被人民法院查封，并不符合《执行异议和复议规定》第29条第1项的要求，即"在人

---

① 辽宁省高级人民法院民事判决书［（2019）辽民初89号］。

民法院查封之前已签订合法有效的书面买卖合同",故对于陈某义的执行异议之诉,人民法院不予支持。辽宁高院判决驳回原告陈某义的诉求。

(2)二审判决①

二审中,最高人民法院对一审中辽宁高院适用《执行异议和复议规定》第 29 条予以肯定。最高人民法院指出,本案应重点审查的事项为陈某义是否为《执行异议和复议规定》第 29 条规定的消费者购房人,关键是要确定其与宏缘公司签订的商品房买卖合同是否系在人民法院查封之前所订立。最高人民法院认为,预约合同与本约合同的根本区别在于当事人订立该合同时是否以未来订立另一合同为目的与意思表示。依据各项经查明的事实,最高人民法院认为陈某义与宏缘公司于 2015 年 8 月 18 日订立的合同系真正有效的房屋买卖合同,而这发生在案涉房屋被查封之后。最高人民法院遂在二审中作出了维持原判的判决。

(二) 问题焦点

1. 主要争点

本案需要解决的实体问题是,二审上诉人陈某义有关排除针对案涉房屋强制执行的诉讼请求能否成立。根据《执行异议和复议规定》第 29 条,消费者购房人对于商品房享有的民事权益能够排除强制执行,但需要同时满足三个法定条件。其中之一是,陈某义和宏缘公司应当在人民法院查封涉案房屋之前就已签订合法有效的书面房屋买卖合同,这也是本案的焦点。而想要确定陈某义签订的合同是否满足此条件,就要明确陈某义所签合同的性质。

从上述已查明事实可以得知,涉及该要求的合同为陈某义与宏缘公司 2014 年 9 月 9 日签订的选房协议和 2015 年 8 月 18 日签订的房屋买卖合同。案涉房屋 2014 年 10 月 23 日被法院查封(2016 年 10 月 22 日届满,2016 年 11 月 15 日被再次查封)。如果 2014 年 9 月的选房协议是正式的商品房买卖合同(本约),则该协议签订在案涉房屋被法院查封之前,符合法律规定的条件;如果 2014 年 9 月的选房协议仅仅是预约合同,2015 年 8 月 18 日签订的房屋买卖合同才是本约合同,那么房屋买卖合同正式签订在法院对案涉房屋查封

---

① 最高人民法院民事判决书[(2021)最高法民终 553 号]。

之后，不符合法律规定的条件。对本案涉及的房屋买卖合同性质（预约或本约）的认定是案件审理的关键。

2. 法律规范

本案是执行异议之诉上诉案，涉及执行异议之诉，以及与执行异议之诉相关的两个案件。一个是沈阳农商行大东支行诉宏缘公司和谷某金融借款纠纷案，另一个是北方公司诉宏缘公司工程欠款纠纷案。所涉及的主要法律规范如下：一是《执行异议和复议规定》，这是认定上诉人陈某义执行异议之诉能否成立的主要依据；二是《民法典》有关合同成立及预约合同的规定，这是认定选房协议是否为本约合同的主要依据；三是《民事诉讼法》相关规定，涉及执行异议之诉及其上诉的规定。

三、案例评述

（一）诉讼案例

在上述诉讼案例中，最高人民法院认为，陈某义与宏缘公司于2011年签订团购房协议时，房屋买卖合同项下的标的物不仅尚未确定，宏缘公司在收取陈某义交付的所谓房款后还要向其支付利息，不符合房屋买卖合同的基本要件，一审辽宁高院认定团购房协议属于借款协议并无不当；陈某义与宏缘公司在2014年9月9日签订的选房协议中，明确了房屋的房号、面积、单价等事项，又根据确定的房屋价格约定需要补交的房款，本质上属于有关房屋买卖事项的约定；双方在选房协议中明确约定在陈某义补交购房款后双方签订商品房买卖合同，宏缘公司提供一次免费更名的机会，据此陈某义依据选房协议只能要求与宏缘公司再行订立商品房买卖合同，并不能直接要求宏缘公司依据该选房协议履行交房义务，双方必须通过订立商品房买卖合同才能最终确定房屋买卖合同项下的各项权利义务关系。由此，最高人民法院根据当事人意思表示，结合合同履行考量，明确2014年9月9日选房协议为预约合同，而2015年8月18日商品房买卖合同为本约合同，从而确认辽宁高院原审认定，判决维持原判。

辽宁高院在一审判决中认定2011年团购房协议属于借款协议，但未进一步对2014年9月选房协议在性质上属于房屋买卖合同进行认定，更没有对该选房协议属于预约合同作出认定，没有明确区分预约和本约，尽管其认定陈某义与宏缘公司在 2015 年 8 月 18 日才签订商品房买卖合同。

最高人民法院的判决对购房协议定性准确，紧紧抓住了当事人明确的意思表示，结合商品房买卖合同的成立条件，详细考察了合同可履行程度，对团购房协议（非商品房买卖合同）、选房协议（商品房买卖预约合同）和商品房买卖合同（本约合同）的性质依次作出认定。

（二）仲裁案例

在所援引的仲裁案例中，仲裁庭阐述了一般情况下当事人缔结合同整个过程所历经的三个阶段，即不具有拘束力的磋商行为、缔结具有拘束力的预约、最终订立本约。仲裁庭继而指出，缔约磋商阶段原则上受诚实信用原则约束，而且不排除当事人针对磋商事项作出约定；预约和本约则在当事人之间均成立合同关系，而区分预约和本约的主要标准就是当事人在合同中的意思表示。这与上述诉讼案例中最高人民法院的意见是一致的；那么在当事人意思表示不明确或有争议时，仲裁庭认为，"应当通过考察约定内容是否包含合同成立的要素，以及合同内容是否确定到无需另行订立本约即可强制履行等因素加以确定"。这恰恰就是该仲裁案件中的特殊情况。

该案所涉《投资意向书》在交易主体、标的、先决条件、交易安排和价格上均不确定，需要在履行中双方协同和促成。而且双方在《投资意向书》中明确，仅其中的"定金条款"等部分条款对双方具有约束力。除此之外，该《投资意向书》没有法律约束力。虽然双方签订《投资意向书》是为了促进各方最终签署正式协议的意思表示明确，但意向书中有限的具有约束力的条款并未能构成案涉交易所需的基本条款，不符合合同成立的条件，不属于预约合同，而仅是各方前期沟通的阶段性备忘录，其中有约束力的条款则是双方针对磋商事项作出的约定。

在双方当事人对《投资意向书》性质存有争议的情况下，仲裁庭根据合同成立的条件要求，准确认定《投资意向书》系双方当事人在磋商和沟通中达成的部分具有约束力的合意，不符合合同成立的条件，不是预约合同。该案仲裁庭在裁决中对有关约定性质存在争议时，根据合同成立的条件因素来判断是否构成预约合同进行了生动的诠释。有关《投资意向书》非预约合同的定性准确，说理充分。

四、问题探究

在上述诉讼案例中，最高人民法院在二审判决中明确论述了预约合同的判断标准，认为根本标准在于当事人的意思表示，即"当事人是否有意在将来另行订立一个新的合同，以最终明确在双方之间形成某种法律关系的具体内容"。相比之下，在上述仲裁案例中，仲裁庭则在当事人的意思表示之外，进一步明确了"当事人意思表示不明确或有争议时"预约合同的判定问题。这主要涉及预约合同的判断标准问题，以及在仲裁和司法实践中的具体运用问题。

（一）预约合同的概念

预约合同，顾名思义，是相对于本约合同而言的，也被称为预备性契约。《民法典》首次在立法层面确定了预约合同为独立合同，其第495条规定："当事人约定在将来一定期限内订立合同的认购书、订购书、预订书等，构成预约合同。当事人一方不履行预约合同约定的订立合同义务的，对方可以请求其承担预约合同的违约责任。"由此可见，预约合同就是当事人约定将来在一定期限内订立本约合同而达成的合同。当事人约定将来在一定期限内订立合同（本约）的意思表示是预约合同的主要特征，也是预约合同双方当事人的主要合同义务。既然预约合同是独立的合同，那它就应当符合合同成立的基本要求，包含确定的、将来所要订立合同的主体、标的等基本要件。[①]

就预约合同的特征而言，预约合同主要是为将来签订本约合同进行事先磋商，具有阶段性；作为独立的合同，自然对合同双方具有约束力；包含将来要订立合同的基本内容，预约明确；同时约定将来订立合同的期限，从而具有期限性。[②]

（二）预约合同的判断标准考察

预约合同是对交易主体就民商事交易进行磋商谈判阶段化成果的预先约定，其主要功能是明确在未来一定期限内签订本约，对交易双方的权利义务进

[①] 最高人民法院《关于适用〈中华人民共和国民法典〉合同编通则若干问题的解释》第6条。
[②] 卜文茜:《房屋买卖合同中预约合同的认定及违约责任》，载《司法理论与实践》2022年第5期。

行具体约定，以便达成最终交易。预约的主要目的是约定再行订立本约，而本约的目的则是约定履行最终交易。由此，预约与本约的区别是显而易见的。

关于预约合同的认定标准，有观点认为结合《民法典》有关预约合同的规定，与本约不同，预约认定标准具有合意性和明确性。合意性表明预约当事人以订立本约为目的，以探求当事人真实意思表示为标准；明确性则要求预约包含必要的合同条款，尽管其内容的明确性要弱于本约。在合同条款约定不明确时，存疑的约定是认定为预约还是本约，又存在客观解释论和主观解释论。① 从笔者所作的资料查询来看，突出强调预约合意性的专家居多。王利明教授就认为，"除了订立本约合同之外，预约合同不能形成其他的具体的债权债务关系。否则，预约合同的性质可能会发生变化"。② 刘贵祥法官也认为，"预约的核心特征在于：当事人在赋予阶段性谈判结果以法律约束力的同时，要求就共同关注的全部实质性内容达成一致才能完成交易"。③ 简而言之，预约合同的特征在于双方在将来订立本约合同的意思表示和协商结果受到法律保护、约束，但预约合同所包含的条款不必过于详细、明确。

也有研究指出，司法实践中预约合同的认定标准主要有意思表示标准与履行标准。意思表示标准是指，本约和预约应根据当事人的意思表示进行判断，要看当事人是否有意再订立一个新的合同，以最终确定双方的权利义务关系；履行标准是要看合同的内容是否明确。如果合同内容不明确导致合同履行不确定，就无法认定为本约合同。如果预约合同内容比较完备，一方当事人也履行了主要合同义务，应被认定为本约合同。从《民法典》生效实施前的法院判例看，似乎采纳履行标准的较多。④ 从有关仲裁裁决的评述文章看，此前已有仲裁案件的仲裁庭也实际采纳了这一标准。⑤ 在上述诉讼案例中，最高人民法院明确认为意思表示标准是判定预约合同的根本标准。在上述仲裁

---

① 姜晓华：《我国民法典视野下的预约合同探析》，载《天津法学》2021年第4期。
② 王利明：《预约合同若干问题研究——我国司法解释相关规定述评》，载《法商研究》2014年第1期。
③ 刘贵祥：《关于合同成立的几个问题》，载《法律适用》2022年第4期。
④ 卜文茜：《房屋买卖合同中预约合同的认定及违约责任》，载《司法理论与实践》2022年第5期。
⑤ 周海荣：《预约与本约的区分——以某涉案仲裁协议为例》，载《晟典律师评论》总第13辑。

案例中，仲裁庭在意思表示标准之外，也明确了特殊情况下采纳履行标准的必要性，还特别表明了是否符合合同成立条件在特定案件中对判断有关约定是否构成预约合同的重要性。这说明，在《民法典》生效实施后，司法及仲裁实践中有关预约合同的判定标准较之前发生了很大的变化。

（三）"以意思表示标准和履行标准为主，兼顾其他因素"的综合标准更加契合实际

学术上有关预约合同合意性和明确性的认定标准，与司法实践中关于预约合同意思表示标准和履行标准实际上是对应的、一致的。合意性强调的是当事人的意思表示，明确性则关注的是合同内容是否完备、能否强制履行。

在《民法典》第495条有关预约合同规定的基础上，2023年12月5日，最高人民法院《关于适用〈中华人民共和国民法典〉合同编通则若干问题的解释》（以下简称《合同编通则司法解释》）正式实施，其中第6条是关于"预约合同的认定"，即"当事人以认购书、订购书、预订书等形式约定在将来一定期限内订立合同，或者为担保在将来一定期限内订立合同交付了定金，能够确定将来所要订立合同的主体、标的等内容的，人民法院应当认定预约合同成立。当事人通过签订意向书或者备忘录等方式，仅表达交易的意向，未约定在将来一定期限内订立合同，或者虽然有约定但是难以确定将来所要订立合同的主体、标的等内容，一方主张预约合同成立的，人民法院不予支持。当事人订立的认购书、订购书、预订书等已就合同标的、数量、价款或者报酬等主要内容达成合意，符合本解释第三条第一款规定的合同成立条件，未明确约定在将来一定期限内另行订立合同，或者虽然有约定但是当事人一方已实施履行行为且对方接受的，人民法院应当认定本约合同成立"。

由此可见，《合同编通则司法解释》明确规定了以"意思表示为主、履行为辅"的预约合同认定标准。只要当事人通过相应的文件（认购书等）约定或通过相应的行为（交付定金）担保将来在一定期限内订立合同，能够确定将来订立合同的主体、标的等内容的，预约合同成立。当事人通过认购书等文件已就合同主体、标的、价格或报酬等主要内容达成合意，符合合同成立条件，但明确约定将来一定期限内另行订立合同的，仍为预约合同；没有约定将来一定期限内另行订立合同的，本约合同成立；虽然约定将来一定期限内另行订立合同，但当事人一方已实施履行行为且对方接受的，本约合同成立。

无论是以前学术界有关预约合同侧重于当事人意思表示的认定标准、过往司法实践中主要采纳履行标准，还是目前《合同编通则司法解释》有关预约合同以"意思表示为主、履行为辅"的认定标准，都失之偏颇，不够全面，均无法全面妥善解决实践中的问题。上述仲裁案例表明，就相关约定，在当事人意思表示不明确或者当事人对约定性质存有争议时，有关约定是否符合合同成立的条件则成为判定是否构成预约合同的主要标准。显然，意思表示和履行行为并不是认定预约合同的"唯二"标准。另外，《合同编通则司法解释》在预约合同的认定上存在过于强调当事人意思表示之嫌。上述法院诉讼案例则表明，在实践中可履行性在判定合同性质以及是否是预约还是本约方面同等重要。

笔者认为，就预约和本约合同的认定而言，客观上应当采纳"以意思表示标准和履行标准为主，兼顾其他因素"的综合判定标准。一是预约和本约都是合同，都是当事人意思自治的结果，应当遵循契约自由精神，尊重当事人意思自治原则，体现并确认预约的核心特征和主要功能，符合预约合同的根本目的和价值追求；二是在当事人有关另行签订本约的意思表示之外，或者在该意思表示不明或存有争议时，当事人有关合同约定的内容是否可强制履行及其可履行程度，以及是否已实际履行在实践中是一个现实的、客观的考量；三是考虑到实践中的特殊情形，认定标准本身要具有包容性，从而更具有实际可操作性和普适性；四是规定本身要更加契合交易实际，能够准确判定合同性质，妥善公平解决纠纷，维护交易秩序稳定，促进经济社会发展。

（四）认定标准的实践运用

1. 磋商约定

当事人根据诚实信用原则就交易事项进行缔约磋商，就相关磋商事项作出约定，约定对双方当事人具有法律约束力。如果这些具有约束力的磋商约定并未能构成有关交易所需的基本条款，不符合合同成立的条件，不属于预约合同。磋商约定是否符合合同成立条件是关键。前述仲裁案例所涉《投资意向书》中有约束力的条款属于此类磋商约定。

2. 他类合同

涉及多个合同，就交易事项及所要判定的合同性质而言，尽管合同已经成立，但其并未明确所涉交易的实质条款，不符合所涉交易合同的基本要件，合同性质和类别不同，该合同属于他类合同，与所要判定的本约合同及预约合同无关。合同的实质约定及合同性质是关键。前述诉讼案例所涉2011年团购房协议即属此类，其实质是借款协议。

3. 预约合同

当事人双方有关约定内容已经构成所涉交易所需的基本条款，本质上属于有关交易事项的约定，符合合同成立的条件，但当事人约定在一方履行相应行为后双方再行签订最终交易合同，该合同属于预约合同。前述诉讼案例所涉2014年9月9日选房协议即属于此类预约合同。

这里，约定符合合同成立条件、当事人有关另行签订本约的意思表示，以及合同内容是否确定到无需另行订立本约即可强制履行是三个主要因素。在合同成立的前提下，如果当事人明确表示需要另行签订本约以履行最终交易，则该合同当属预约，即便合同内容已经确定到无需另行订立本约即可强制履行的程度，当事人意思表示是关键；如果当事人没有表示需要另行签订本约，但合同内容尚未确定到无需另行订立本约即可强制履行，则该合同仍属预约，合同内容是否确定可履行是关键。

4. 本约合同

当事人双方有关约定内容已经构成所涉交易所需的基本条款，本质上属于有关交易事项的约定，符合合同成立的条件，而且合同内容已经确定到无需另行订立本约即可强制履行，该合同即为本约。前述诉讼案例所涉2015年8月18日商品房买卖合同为本约。在该案中，如果陈某义与宏缘公司在2014年9月9日选房协议明确了房屋的房号、面积、单价等事项的基础上，又根据确定的房屋价格明确约定需要补交的房款，但并未约定在陈某义补交购房款后双方再行签订商品房买卖合同，则该选房协议就是本约，就是正式的商品房买卖合同。陈某义依据该选房协议在补交房款后可直接要求宏缘公司履行交房义务。在合同约定明确可履行的状态下，当事人有关另行签订本约的意思表示是关键；即便当事人双方约定将来一定期限内另行订立合同，但当事人一方已实施履行行为且对方接受的,该合同本身即为本约,实际履行则是关键。

结束语

根据《民法典》有关预约合同的规定,结合《合同编通则司法解释》有关预约和本约合同的认定标准评价,通过对本文所援引的两起典型诉讼案例和仲裁案例的述评分析,笔者认为,在实践中,对预约合同的认定应当采纳综合标准,结合具体案情,准确识别,恰当认定,推动有关预约、本约合同认定的司法裁判和仲裁裁决标准认识一致,尺度统一,从而促进法律的适用,提高裁判水平。

征稿启事

《北京仲裁》由北京仲裁委员会/北京国际仲裁中心主办，主要刊登中外仲裁、调解、工程评审等与多元化纠纷解决机制相关的民商事理论性、实践性的论文或者介绍性文章以及符合前述范围的翻译文章。本出版物每年出版四辑，下设"主题研讨""专论""仲裁讲坛""比较研究""ADR专栏""案例评析""办案札记"等栏目。

编辑部热诚欢迎广大读者投稿，投稿前请仔细阅读以下注意事项：

1. 来稿应符合本出版物网站（www.bjac.org.cn/magazine/）的投稿要求及注释体例，并按要求写明作者信息、中英文题目、内容摘要、关键词等信息。

2. 来稿应严格遵守学术规范，如出现抄袭、剽窃等侵犯知识产权的情况，由作者自负责任。

3. 为扩大本出版物及作者信息交流渠道，本出版物已经委托博看网数字发行，并已被CNKI中国期刊全文数据库收录。凡向本出版物投稿的稿件，即视作作者同意独家授权出版其作品，包括但不限于纸质图书出版权、电子版信息网络传播权、无线增值业务权等权利，授予本出版物授予合作单位再使用、授予相关数据库收录之权利，作者前述相关的著作权使用费将由编辑部在稿酬内一次性给付。若作者不同意前述授权的，请在来稿时书面声明，以便做适当处理；作者未书面声明的，视为同意编辑部的前述安排。

4. 投稿方式：请采用电子版形式，发送至电子邮箱bjzhongcai@bjac.org.cn。如在两个月内未发出用稿或备用通知，请作者自行处理。

5. 所有来稿一经采用，即奉稿酬（400元/千字，特约稿件500元/千字）。

《北京仲裁》编辑部

图书在版编目（CIP）数据

北京仲裁. 第127辑 / 北京仲裁委员会（北京国际仲裁中心）组编. -- 北京：中国法制出版社, 2024. 6.
ISBN 978-7-5216-4571-2

Ⅰ. D925.7-53

中国国家版本馆 CIP 数据核字第 20245B604F 号

责任编辑：侯　鹏　　　　　　　　　　　　　　　封面设计：李　宁

北京仲裁（第 127 辑）
BEIJING ZHONGCAI（DI 127 JI）

组编 / 北京仲裁委员会（北京国际仲裁中心）
经销 / 新华书店
印刷 / 三河市国英印务有限公司
开本 / 787 毫米 ×960 毫米　16 开　　　　印张 / 7.5　字数 / 115 千
版次 / 2024 年 6 月第 1 版　　　　　　　　2024 年 6 月第 1 次印刷

中国法制出版社出版
书号 ISBN 978-7-5216-4571-2　　　　　　　　　　　　　定价：39.00 元

北京市西城区西便门西里甲 16 号西便门办公区
邮政编码：100053　　　　　　　　　　　　　传真：010-63141600
网址：http://www.zgfzs.com　　　　　　　　编辑部电话：010-63141826
市场营销部电话：010-63141612　　　　　　　印务部电话：010-63141606
（如有印装质量问题，请与本社印务部联系。）